U0135170

EXTRAOR
DINARY
RELATION
SHIPS

解決

關係焦慮

BOWEN家庭系統理論

的理想關係藍圖

獻給所有願意
開始換個角度去思考人類關係的人

目錄

I ## 一種思考關係的新方式 ⋯⋯⋯⋯ 27

令人耳目一新的選擇

麥可·柯爾 醫師
Michael E. Kerr

喬治城家庭中心（Georgetown Family Center）
主任

　　莫瑞·包溫醫師（Murray Bowen, M.D.）於 1990 年 10 月 9 日在馬里蘭州吉維蔡司（Chevy Chase）的家中過世，享年 77 歲。身為精神科醫師，包溫一生致力於探索「人類所為」（human cause），創造了一個非凡的人類行為新理論：**家庭系統理論**（family systems theory），也就是**包溫理論**（Bowen theory）。這個新理論有潛力取代大多數佛洛伊德的理論，徹底改變了精神醫學和所有醫學的治療取向。包溫理論不僅可以運用於人類家庭，還能擴展到非家庭的團體，包括大型組織和社群。這本由羅貝塔·吉爾伯特醫師撰寫的書——她原是莫瑞·包溫的學生，後來成為包溫的同事——對於了解包溫的觀點有很重要的貢獻。

　　包溫在 1913 年 1 月 31 日生於田納西州韋弗利（Waverly），是杰斯·希維爾·包溫（Jess Sewell Bowen）和瑪姬·羅夫·包溫（Maggie Luff Bowen）五個孩子中的長子。包溫家族在這個距離納

許維爾（Nashville，譯註：美國音樂之鄉）西邊 60 英哩的田納西小鎮，擁有一間殯儀館和家具的生意。從田納西大學畢業並接受醫科訓練之後，包溫在紐約市兩家醫院實習，二戰期間於陸軍服役並派駐歐洲，1946 年在堪薩斯州托皮卡（Topeka）的梅寧格診所（Menninger Clinic）展開正式的精神醫學訓練，受訓後一直在那裡工作到 1954 年。從 1954 年到 1959 年，他在馬里蘭州羅克維爾（Rockville）的美國國家心理衛生研究院從事精神分裂症患者與家庭的研究。自 1959 年直到過世之前，他持續進行家庭研究並且在華盛頓特區的喬治城大學醫學系精神科授課。包溫是精神醫學臨床教授，同時擔任喬治城大學家庭中心主任。

儘管人類的存在是如此複雜和難以預測，包溫的研究和發展理論的心力都奠基在一個假設上：**人類行為的科學是可以被建構的。**他認為阻礙人類行為成為科學探索對象的原因是：傳統上，人類傾向於認定自己是一個獨特的生命體，在上帝的計畫中占有特別的地位。這種自命不凡使我們看不到我們的行動與其他生命體無數的相似性。如果我們能夠將焦點從差異性轉移到相似性，就會注意到所有行為的事實，人類和非人類皆然。當人類認為自己是獨特的，就像防水閘門彈開了一個出口，讓我們對自己的所作所為有了想像和主觀的詮釋。

雖然包溫本人相信這個理論會比他從此一理論所發展出的治療，對於人類所為能夠有更多的貢獻，但是這種新的治療取向著實

與一般治療大為不同，藉由使用此一不同的治療方式，過往無法改變的局面似乎有了新的希望。

要了解這種新的治療方法，就必須先對這個理論的基礎概念有所理解，一言以蔽之，就是家庭是一個**情緒單位**。一個情緒單位的概念表示任何一個家庭成員的情緒功能改變，必然會自動地伴隨另一家庭成員的情緒功能改變，用以相互彌補。這個概念提供兩個重要的思維：（1）每個人的情緒功能對於家庭中某一成員所發生的生理、情緒或社交疾病都有所貢獻；（2）無須直接在有症狀的人身上做治療。不必直接在有症狀的人身上工作，對許多臨床困境提供了新的彈性——例如，有症狀的人可能拒絕治療，或者只因為他人施以極大的壓力才來接受治療。

如果家庭中任何一個成員能夠改變自己的情緒功能、與家人保持互動並知道自己的責任，整個家庭將會改善它的功能來回應這位成員的改變。在這個過程中，家庭中出現的臨床症狀或關係問題將會減輕，這種觀點一來提供了**不企圖改變他人**的強有力理論依據，二來提供**成為家庭的一部分，而非成為家庭問題的一部分**的指導原則。缺乏這種以家庭為單位的理論根基，個體會在對他人感到挫折與生氣的時候，將這些感受做為批判家人「病態」並切斷與家人關係的正當理由。反過來說，有些人則是因為讓家人失望感到內疚而退縮。

羅貝塔·吉爾伯特是當年那些擁有相當多第一手精神分析理論

與經驗，而後轉換至包溫的新理論的人物之一。這樣的轉換遠比一般人想像中困難許多。當一個人接受某種思維方式的訓練，基於此種思維方式而堅定地投入了專業領域，同時置身於會強化其立場的同事之間，要做出改變並不容易。要面對整個社群也絕非易事，人們對於已知的問題會反射性地歸咎個人，而不願意努力去思考問題與每個影響層面的關聯性。

即使吉爾伯特醫師第一次聆聽包溫演講時認為他偏離了常軌，但是最後她開始「聽了進去」。儘管她當時已經是堪薩斯市聲譽卓著的精神科醫師，同時忙於兩所醫學院的教書工作，還是很有動力地想要學習更多關於包溫理論與她自己的事情。

1980 年代初期，吉爾伯特報名了喬治城家庭中心的家庭理論與治療研究生課程，這是專門為華盛頓特區一帶心理衛生專業人士開設的課程。她不僅開始學習新理論，也在個人與專業生活中活出這個理論。

她送給這個理論一份禮物。她知道這些觀念是如何幫助了自己和許多人的生活，覺得有責任要做些事情將它傳播出去，而不只是講述而已。

1987 年，吉爾伯特醫師為了更多參與喬治城家庭中心而搬到華盛頓特區。她成為中心的講師，很快就承擔了許多工作。過往在精神分析理論的背景，讓她特別善於強調個別理論與系統理論之間的差異，而她明確有力地表達這些差異的技能正是本書的基礎。

本書的優點之一是運用詳盡的臨床解說來闡明抽象的理論概念，例如，家庭中的關係模式都是依照一種基本的主軸而變化：焦慮之所以產生是因為與他人緊密互動，特別在壓力升高之際，難以思考、感受與行動。這些在家庭中表現出來的焦慮模式是可知的、具有一定的數量且相當普遍。吉爾伯特醫師的描述幫助讀者跳脫這些模式，超越了將重點放在人們做錯了什麼——超越了診斷，以及責備自己或他人。

吉爾伯特醫師也處理了許多理論與治療的問題；例如，情感管理的意義是什麼？根據包溫理論，情感管理是非常重要的課題，有些人認為聚焦在情緒歷程，就是單純地努力避免或隱藏感覺。如何按照情緒歷程的事實知識而行動，以解除跟這個歷程綁在一起的感覺呢？吉爾伯特撰文探討生物回饋的自我調節技術，對於釐清這個問題很有幫助。

除了闡明理論基礎，吉爾伯特也探索了將理論擴展到非家庭系統的可能性。包溫已經在組織與較大的社群開啟了一些工作，但是還可以在這些領域做更多事情。吉爾伯特討論了工作、友誼關係和國際關係。

包溫的理論出現於醫療文獻中已經超過 25 個年頭；他根據新的事實，提供一個堅固的框架讓人找到改變的可能。羅貝塔·吉爾伯特醫師的著作著重在這個理論的特定層面，以及對於改變關係的適用性，為此一理論和治療增添了詳盡的說明。它也將心理治療從

一個近乎神秘的事件提升到相當容易理解的歷程。

　　對於那些聽夠了人類行為傳統觀點的讀者，這本書讓人「聽到」不同的聲音，也提供有別於一般「自助」取向、令人耳目一新的選擇。

邁向理論

莫瑞·包溫 醫師

越來越多人主動分享自己的生活方式因為包溫理論而有了改變。很多人會說出「自從我學習你的理論，我的生活就不一樣了」這樣的話。經常有人詢問：「到底為什麼如此有效？」我聽到的回應都是個人的原始聲明，而對這個理論發出的驚嘆也經常在定期召開的理論會議中討論，羅貝塔·吉爾伯特醫師就參與了大多數的會議。她寫了一篇報告，結合個人的理由，說明學習理論後對於專業生涯的改變。以家庭中心的報告標準而言，這份報告相當詳盡，但是比較像是個人的推薦而非客觀的報告，因此，它並沒有被發表。如果能夠重寫那份報告，刪去大多數的第一人稱，以第三人稱來書寫，或許這份精於理論的內容就具備了發表的資格。很少作者能夠抗拒這種重寫的誘惑，幾天後，一篇新的報告就出現了，它就是讀者現在看到的這本書。

一個出色的理論通常不會受到個人感情所影響，而是由人類共

通的知識與仔細的觀察塑造而成。除非想要傳達某種意義，或是基於特定理由而將自我從人群中畫出輪廓，通常很少會使用第一人稱。避免過度使用第一人稱，而以第三人稱來構想內容，這種書寫比較具有紮實的理論性。人們傾向於以個人的感受來稀釋理論，這也包括心理衛生專業人士在內。這種稀釋被稱為理論的侵蝕，即使理論被清楚地描述出來，這種侵蝕還是存在。吉爾伯特醫師從個人的讚賞往客觀的理論邁出了一大步。這個基本理論不同於心理衛生領域中的任何理論。也許聚焦於這一點將幫助讀者從理論的事實中區辨出被隱藏起來的個人感受，對未來的作者可能會有些許貢獻。

摘自家庭中心報告，1989 春天

經包溫醫師授權刊出

（包溫醫師在這篇推薦序所敘述的故事如同本書的前言，只是本書前言是以第一人稱撰寫。）

一本完美的家庭關係入門書

沃爾特‧托曼 博士
Walter Toman

德國愛爾朗根－紐倫堡大學（Erlangen-Nurnberg University）
榮譽教授

　　從歷史的角度來看，莫瑞‧包溫的家庭治療應該算是最早針對窮困、患難的家庭，從事實務工作與教導的心理治療形式。

　　喬治城家庭治療的特色是將家庭視為一個整體，其中每位成員都會相互影響，探究家庭成員對於個體性和連結性的需求、他們的自我分化程度與情緒成熟度、他們的關係模式與溝通型態，以及觀察家庭生活與家庭本身交互的系統與過程。其次，強調探索原生家庭，即家庭成員正在做的事情，包括手足角色、家庭星座、家庭樹，以及與所有家庭成員的溝通。此外，還要有一位關心和協助家庭且不會被家庭系統困住的家庭治療師，這位家庭治療師的舉止不會像一台推土機破壞了家庭系統，或是試圖為這些碎石子重新排序。最後，所有家庭成員能夠自由表達和願意嘗試聆聽，家庭治療師能夠維持並引發一種溫暖與平靜的理性氛圍。

　　在這種家庭治療中，家庭成員無須長時間依賴治療師，也不會

因為治療師的緣故而退化到自我分化和情緒成熟度的早期階段。換句話說，這種家庭治療沒有治療的詭計，沒有商業考量，也沒有宗教導師的力量或是假天意之名來掌控家庭。只有強調家庭及其每位成員的獨立與自主性，以及治療師對家庭需求的尊重、機智與敏感。

在《解決關係焦慮：家庭系統理論的理想關係藍圖》一書中，羅貝塔‧吉爾伯特極為成功地捕捉莫瑞‧包溫的理論與實務精髓，探討家庭系統的成長與混亂，以及如何於治療中運用。羅貝塔的寫作能力相當優秀，深入淺出地以豐富的臨床與心理治療經驗教導讀者理解，而這些栩栩如生的實務案例更增加了閱讀的生動與教育性。同時，她的書也精準涵蓋了我廣泛的研究，包括家庭星座和手足位置，及其在包溫理論與家庭治療中的角色。

總之，吉爾伯特醫師寫了一本完美而樸實無華的家庭關係入門書。閱讀本書令人快慰，特別是相較於一些同樣主題的書籍似乎逃避、隱藏或混淆了家庭關係的基本假設、事實與結果，而非加以揭露，或只不過是作者自誇做了什麼驚人的事情。心理治療和家庭治療領域的學生甚至病人，將會珍惜本書的問世。

在關係中優游自在

江文賢 博士

　　第一次閱讀這本書應該是十幾年前的事，當時身為學習包溫家庭系統理論的新手，這本書給了我很大的幫助，不僅因為這本書淺顯易懂，補足我理解包溫理論的基礎，並且也能加速活用系統思考在自己的各種關係上，當然也包括心理諮商關係。

　　從包溫理論的觀點來說，所有的人際關係都相同，只不過因為各種關係中情緒融合程度上的差異，產生不同情緒強度的自動化反應而已。人們常說如果家人像朋友一樣就好，大家或許就可以相互尊重並且不干涉對方，其實在朋友關係中，只不過是人們預先設定與他人保持距離，而接受一種類似相互尊重的感覺罷了。一旦他們長期相處，彼此發生大量的情緒流動或融合，那麼朋友關係也會變得像家人關係一般，剪不斷、理還亂的糾葛。因此，想要發展卓越的人際關係，並非單純地與他人保持距離，獨自生活就好，而是能夠與他人靠近，同時，又能夠不失本心地清楚自

己的立場，如此優游自在於各種人際關係中，並且負起自己對關係的本分與責任。

　　在心理諮商中，常常會遇到非常努力照顧孩子的父母親，以及很需要被照顧的成人子女，如此親子關係常常會讓我想起書上所提，有關珍・古德（Jane Goodall）觀察黑猩猩福林特和牠的母親芙蘿的報告，母親一生照顧福林特，而早已獨立成熟的福林特卻在年邁母親過世沒多久，也就無法獨力生活而逝世。這種早年看似幸福的母子關係，卻埋藏著日後的危機所在，我總是幻想如果那母親芙蘿早就知道會有這樣的結局，牠是否會再用相同方式去照顧福林特呢？同樣地，如果這種過度高、低功能的互惠關係也發生在你我身上，我們是否有超越母猩猩芙蘿的智慧，知道何時該調整自己的界線和立場呢？莊子所云：「聖人不死，大盜不止。」不也指出人際互動中的系統思考，這種「聖人」與「大盜」的互動模式，不僅僅發生在親子關係中，也存在於婚姻關係、手足或其他家人關係、朋友關係、職場人際關係，甚至專業的心理諮商關係上。因此，包溫家庭系統理論就是試圖要解答這樣的關係困境，讓人得以看懂關係中系統的運作模式，進而找到屬於自己本分的生活信念，安身立命於天地萬物之間。

　　最後，我由衷地感謝張老師文化公司在這個強調心理治療技術的年代，願意反璞歸真翻譯這本強調理論原則勝於治療技術的書籍，讓大眾有機會好好欣賞並體會包溫家庭系統理論的系統思考與

客觀事實，藉此讓人在掌握系統理論的基礎下，發展更為符合自己的治療風格或做人處事。同時，我特別感謝田育慈老師大力協助本書的翻譯，以及張老師文化公司俞壽成總編輯和苗天蕙女士如此細心嚴密地編審協助，讓這本書得以盡可能地貼近理論的精髓，又能符合華人的閱讀習慣。期待這本華語翻譯書的出版，能讓大家對經典包溫家庭系統理論有更多的認識與學習，並且在閱讀的過程中，能夠體會書中的系統思考，帶領自己與他人關係進入另一境界。

理解關係
最有效的方式

羅貝塔·吉爾伯特 醫師

　　當我第一次接觸莫瑞·包溫的觀點，我懷疑人類行為的世界是否真的需要另一個新理論。多數治療師已經盡其所能嘗試掌握現有的理論，更不用說要跟上似乎無窮盡的變化和更新版本了。

　　我已經花了許多年在實務上運用廣為盛行的精神醫學理論，得到的結論是我的工作對於服務的大多數個案是有幫助的，然而我認為還有進步的空間。或許是我並沒有完全理解自己所操作的理論架構，或是某個技巧有缺點，或是理論架構本身出了問題。我就是無法確定哪裡出了問題。

　　仔細而痛苦地探索病人的感覺，並沒有解答這個問題——只是有越來越多不加掩飾的感覺需要進一步治療。對我而言，心理治療除了無止境的內省，好像並沒有一個目標。依賴治療師似乎強化而非削弱了人們在「感覺叢林」中尋找指引的情況。我對於經常出現的特定關係問題，如婚姻、養育孩子、成癮或身體疾病，擁有的資

源其實相當有限。

　　另一方面，我檢視社會本身的問題。犯罪、離婚和成癮的統計數字持續上升，現有的婚姻與家庭制度似乎遭受威脅，但是關於人類行為的理論對這些問題並沒有太多著墨。每當我試圖在社會領域運用既有的精神分析觀點，結果總是一籌莫展。對我而言，一些社會問題的惡化確實與人類行為領域中盛行的觀點有關。或許我可以從喬治城那個擁有不同思維的小團體學習到不同的取向。

　　當我開始學習包溫理論，幾乎立刻就將它應用到我的治療及生活中。一開始我充滿了問題與困惑，但是我能夠察覺到自己正處於一種思維方式的影響之下，它遠遠超越了我過去學習的任何事情。在我頻繁往來於華盛頓與坎薩斯市的幾年中，這些新觀念逐漸在我的生活與臨床工作發揮了不可思議的效用。當我的能力進展到可以「系統思考」的時候，我領會了管控自己情緒的新方法。有時候，家人的意見會讓我知道自己走對路了，此外，病人們開始展現截然不同的結果，這是我以往不曾見過的。

　　儘管如此，學習一種新思維方式的過程，一個人要離開慣性的信念，仍然相當艱辛。在許多次飛往華盛頓的旅程中，有回我去拜訪一位朋友，他是附近約翰霍普金斯大學醫學院精神醫學教授。他很驚訝有人在我這樣的人生與事業階段，還願意如此不怕麻煩地學習一種新理論；對我而言，令我吃驚的則是精神醫學這門專業並沒有踏出一條通往包溫醫師的路徑。

到目前為止，精神醫學還沒有擁抱包溫家庭系統理論，這是可以理解的。首先，精神醫學做為一門專業，在本質上就很保守。所有的生命寧願保持恆定，也不要改變。進一步來說，這種新思維方式比舊的更複雜。確實，要從既有的精神醫學觀點轉變到包溫理論，就像是告訴一個孩子，他看到的水平面地球是圓的一樣。

究竟理論在科學中扮演了什麼樣的角色？

發展一個新理論是一種深奧且激進的行動，包括要重新檢驗過往的假設與結論。簡言之，它是通往科學探究的第一步。

理論是建構科學知識的一塊積木。它始於觀察，當觀察結果不符合既存的理論，就會導致新理論的發展。假如累積了足夠的事實資料能夠去支持它，一個理論就會漸漸地被視為科學事實，就像地球是圓的這種觀念曾經是一個理論，但是當收集了天文與航海資料，地球是圓的此一理論就成為受到認可的科學事實。細菌在疾病演變的過程中，一開始也是一個理論，當發明了顯微鏡能夠觀察細菌，這個理論才變成科學事實。在生物學中，由達爾文提出的物種演化理論獲得許多研究者的觀察支持（雖然有些研究者發現，他們的基本假設與此觀察結果相衝突），這個理論已經非常接近普遍被認可的科學事實。

包溫的觀點目前還在科學發展的理論階段。身為精神科醫師，基於多年觀察人類的行為，包溫理解到單是研究個人，甚至研究他與重要他人的關係都無法解釋所有的事實。包溫毫無懸念地離開過

往所學的理論，認為家庭系統——而非個人——組成了情緒單位。是以，盡可能越完整、越廣泛地了解個人的家庭系統，才是理解個人在各種關係中最有效的方式。

坊間有關家庭與人際關係書籍和講座的暢銷與成功，令人振奮，這顯示至少有一群人已經準備好要去探索情緒關係系統的世界。這些書籍和講座同時運用了包溫理論及其他立論與系統觀點，讓許多人感到相當有幫助，開啟了嶄新可能性的大門。

然而，有些書籍和講座草率地帶過包溫理論的重要概念，尤其對於這個理論的重要基石——自我分化的概念——更是明顯地忽略，而同樣重要的系統思維也經常被略過。很多對包溫觀點有興趣的人詢問我關於這個理論更多的資訊。特別的是，他們想要在實際的層次認真學習這個理論。這些人讓我確信本書絕對有它的價值。

本書中的案例並非真有其人，然而，它們都是我多年來陪伴許多人，看著他們與生活奮鬥所集合而成的例子。

另外值得一提的是，在治療圈已經習慣用第一人稱來稱呼的作法，在喬治城中心卻不是如此，當然，它們也不會在報告中使用。如果治療師是以姓氏來稱呼，那麼用較不正式的第一人稱就侵犯了他人的界線。

在此我是用第一人稱來述說我的故事，很多人也鼓勵我用這種方式撰寫整本書，然而，為了客觀性，現在我願意放棄以第一人稱來書寫。以關係的文風來撰寫，在某種程度上可以跟人們接觸，我

的目標是盡可能以最客觀的方式來闡述我的想法，而不要被關係姿態阻礙了對理論更清楚的理解。坊間已經有一些書是以這樣的方式書寫，對很多人也有幫助，但是我發現以不同的層次來書寫有助於釐清思考，對我自己和他人會更有幫助。

綜觀當代學說，到目前為止，包溫家庭系統理論是一種比較完善的觀察人類方式，涵蓋了人類問題的深度與廣度，因此我認為讓外界知曉目前在喬治城中心的成果是不可迴避的義務。對於我和我在諮詢中看見的許多人來說，要學習從家庭與自然系統的觀點來思考頗為費時費力，但是相當值得。其他理論已經對這個世界產生了深遠影響，此刻很難預測包溫的思想對未來將有何衝擊。可以確定的是，這些影響必定相當深遠。許多事情有待完成，在我看來，我們必須繼續做這些工作。

本書是一個關於莫瑞‧包溫醫師的故事，他一直致力於要將人類行為轉變為一種科學，學習理解人類的關係。它並沒有所有的答案，但是絕非陳腔濫調，也不是老生常談。它建立在一種嶄新理論的基礎上。這並不是一本「介紹實用技術」的書，而是透過認識這個理論，提供解答謎團的指引。介紹實用技術的書有其限制，理論卻可以廣泛運用，能夠在任何情境中指出方向。如果人們可以發展出更好的思維方法，發現更好的管理自我方式，他們就能夠處理關係，解決他們所引起的任何問題。

銘謝

本書是許多人的才智和許多關係的結晶。

莫瑞・包溫的才智貫穿了整本書，對於他的感謝一言難盡。

本書源於我兄弟大衛・吉爾伯特（David Gilbert）的想法，他在 1986 年看了我寫給喬治城家庭中心研討會的報告，認為可以出版一本書，而且非常確信它的價值與需求，在我專心投入這項計畫之前，他一直努力不懈地說服我。他是一位作家，能夠編輯、鼓舞人心、提供建言，也是推動本書出版的最大功臣。我由衷感謝他在我的寫作與人生道路上的陪伴。

我的朋友與經紀人約翰・伯德（John Byrd）為本書投入非常多心力。他很仔細地編輯，滿腔熱情地守護，耐心地教導我度過漫長又重要的階段。他充滿感情的持久力陪伴我走過被出版社拒絕的時日，以及受限於自己能力的挫折，讓本書得以從夢想中實踐。一些朋友變得像家人般親近。

丹尼爾‧帕裴羅（Daniel Papero）從原稿到出版前的最後一刻，慷慨、熱情地為本書投注很多時間和想法。我很感謝他在理論與英文方面卓越的貢獻。

派翠西亞‧里赫特（Patricia Richter）的寫作與編輯技巧對原稿有非常正面的影響，也深深刻印在我心裡。

唐娜‧霍爾（Donna Hoel）、大衛‧魏斯勒（David Wexler）、喬治‧克里夫蘭（George Cleveland）、強‧伊波守爾（Jon Ebersole），以及 Chronimed 出版公司的其他同仁，在將美好的想法轉化為現實的艱難階段，一直相當熱心、負責且有彈性。

瑪莉‧伯恩（Mary Bourne）提供了有益且實際的支持。

負責繪圖的維吉尼亞‧歐內斯特（Virginia Earnest）是個能幹又才華出眾的人，和她工作是相當愉快的經驗。

一些讀者無價的評論讓本書盡可能免於過度勸告、說教、謾罵、矛盾、過度地幫助他人、誇大和侵蝕理論。他們的支持在各個層面提升了本書的氣勢，包括：沃爾特‧托曼、麥可‧柯爾、羅貝塔‧霍爾特（Roberta Holt）、卡薩琳‧柯爾（Kathleen Kerr）、安迪亞‧史卡拉（Andrea Schara）、普莉西亞‧福瑞森‧費爾頓（Priscilla Friesen Felton）、凱洛‧霍斯金斯‧蜜雪兒（Carroll Hoskins Michaels）、唐諾‧蕭柏格（Donald Shoulberg）、琳娜‧華特森（Lina Watson）、珍妮佛‧亞瑟比（Jennifer Ashby）、羅安‧思拓爾（Louann Stahl）、瑪西亞‧麥當勞（Marcia Macdonald）、

約翰‧哈波（John Harper）、布萊德‧布爾（Brad Barr）、李察‧傑佛拉（Richard Jafolla）、瑪莉‧艾利斯‧傑佛拉（Mary Alice Jafolla）、安‧馬克耐（Anne McKnight）、李‧凱利（Lee Kelley）、蘇珊‧威爾洛克斯（Susan Willocks）、麗莎‧伊格（Lisa Egle）、喬治‧賈柯伯斯（Georgia Jacobs）、維多利亞‧哈利森（Victoria Harrison）、法蘭克‧吉爾佛（Frank Giove）、羅伯特‧吉蘭德斯（Robert Gillanders）、甄妮‧卡安（Janet Kuhn）、李羅‧包溫（LeRoy Bowen）、喬安‧包溫（Joanne Bowen）、凱薩琳‧包溫‧諾爾（Kathleen Bowen Noer）、茉莉‧席格（Morley Segal）、派翠西亞‧哈蘭（Patricia Hyland），以及我的兒子喬傑‧賈柯伯斯（Georgy Jacobs）。

I

一種思考關係的新方式

自 1954 年展開正式的家庭研究，我一直在思考理論……並且朝一種不同的理論去工作。要很快拋開一種思考方式並採取另一種思考方式是不可能的……

————莫瑞‧包溫，1976 年

人類關係的重要性非比尋常。如果不是愛讓這個世界運轉，那麼必定是人類關係了。在個人、工作的領域和整個世界，人與人之間的關係具有關鍵和決定性的力量。

在純粹個人的領域——僅次於食物、水和住所——人際關係的品質往往決定了生活品質。在職場上，企業的成果經常仰賴員工之間的關係品質。效能、生產力與創意是人們能否平衡工作與人際關係的指標。在國際社會中，戰爭的起始與終結也取決於人類關係。

有別於一些廣為流行的觀點，個人之間運作順暢的關係——在家裡、職場甚至高峰會中——其實非常少見，萬一真的出現了，也屬於偶然事件。更恰當地說，那些人們期待的卓越關係往往是成人根據原則相互對待而漸漸發展出來的，只是很少人對這些原則有所覺察罷了。而且，眾所周知和廣泛被教導的原則通常會讓事情變得更糟。

一般人接受的尋常關係，往往運作得都不是很好。

林先生和林太太對於夫妻關係該怎麼運作，包括家務分配、財務和養育小孩，都有自己的一套想法。不幸的是，他們的想法經常

不一致，當一方讓另一方失望，批評與指責接踵而來，爭吵就開始了。

　　林太太試著找出解決這個令人筋疲力竭又徒勞無益過程的方法，閱讀了關於婚姻、如何吵架及溝通的書，發現這些規則和技巧頗有道理，當她記得要使用的時候，偶爾會有所改善。然而，她發現衝突激烈時幾乎不可能記得這些規則和技巧，更別提去使用它們了。她也發覺書中的一些建議似乎讓爭吵更嚴重，開始意識到自己嘗試每個新點子的時候，反而沒有處理基本的事情——一種她未曾想過的思考方式。

　　陳先生和陳太太極力迴避批評和指責，不計一切地避開衝突，不知道如何處理他們的問題使兩人付出了疏遠的代價。每當快要發生爭執他們就改變話題，或者其中一人變得安靜，很難再去思考或說些什麼。他們真的不認為這是一個問題，可以不用像孩提時面對家中的衝突，反而有種解脫的感覺。他們發覺有時候關係不怎麼平順，私下想知道是否所有的婚姻都很無聊、平淡，卻從未嘗試尋找一個方法加以改變。

　　黃家人認為黃太太是問題人物——她的身體狀況讓人擔心。不論花了多少醫藥費都不見成效，黃家人或黃太太的許多醫生都沒有想到，黃太太身體不好是一個症狀，而不是疾病——那是一種關係焦慮的症狀。

　　趙先生和趙太太從不吵架，他們不覺得婚姻關係無聊或平淡，

兩人的身體都很健康。他們並沒有把對方看成獨立的個體，他們做不到，注意力和焦慮總是集中在其他人身上，有時候會掛念他們那幾個表現普通的孩子；偶爾，一方會擔心對方是否有外遇。他們將所有的關係焦慮都轉移到第三者身上，卻未覺察並非真的與第三者有關，而是和他們的關係有關。

這些關係的速寫都差不多：關係中的任何人曾經在某個時候展現某種樣貌的自己。許多人——或許是大多數人——試著逐一展現他們的各種樣貌，不希望永遠卡在某個樣貌中。

即便如此，一些關係似乎只需要極微小的努力就能進行得非常順利。他們相處起來好像十分輕鬆、愉快，顯然雙方並不擔心他們的關係。毫無疑問地，這種有如田園詩風格的關係只存在於一小群幸運的人身上。

多數時候，人與人之間的關係纖細而脆弱，需要持續的關心、努力及非常多的客觀性。當關係解除了一種焦慮——孤單的焦慮——也創造了另一種焦慮。所有投注於關係的努力，得到的回報往往相當稀少。儘管需要創意、堅持不懈和洞察力，關係還是經常讓人困惑不解，有時就在失望與幻想破滅中走到了終點。

當人們陷入關係困境，到底是在個人的生活、家庭和公司中缺少了什麼？是否有任何指導原則能協助訂出一個方向，讓人度過困惑而危險的關係領域？是否有可能獲得現在似乎很少人擁有的卓越關係？

　　儘管還有許多需要學習的地方，莫瑞‧包溫醫師發展的家庭系統理論提供了一些新方法來改善個人在重要關係中的功能。這些原則在理論中有詳細的說明，形成了獨樹一格的「指導手冊」。臨床工作者與眾多陷入痛苦關係的人一起工作，至今證明成效斐然。這些人能夠跳脫自己的思維，以更寬廣的角度看待關係。正是這種視野的擴展，引導他們得以更接近卓越的關係。

包溫醫師出眾的思考方式

1950 年代初期,許多行為科學研究者想要找出精神分裂症（schizophrenia,譯註:目前已更名為思覺失調症）的原因。這個疾病讓年輕人飽受折磨,喪失了不同程度的現實感。慶幸的是,當時的美國有足夠的財力支持各種科學研究,包括行為科學,而位於馬里蘭州貝塞斯達（Bethesda）的美國國家心理衛生研究院的新單位就被指派為精神醫學研究部門。

莫瑞·包溫醫師來到馬里蘭州之前,剛從堪薩斯州托皮卡的梅寧格診所接受了數年的訓練與實習,那裡的氛圍十分振奮人心。身為梅寧格的住院醫師,他發現精神醫學位居主導地位的理論——佛洛伊德的理論——是一種基於人類主觀論述的理論:重點在於病人說了什麼、他們及他們的分析師有何解釋。包溫認為,研究人類可以進行得更客觀,並且將此帶入可被接受的科學領域中。

包溫提出了一種更寬廣的思考方式來看待人類行為,以不同的

方式面對問題。如果他的觀點正確，不只可以適用於精神分裂的問題，更及於全體人類的現象。**他有一個觀念，就是情緒功能的基本單位並不是過往認為的個人，而是核心家庭。**

這個領域的一些研究者已經認定，透過與子女錯誤的溝通模式，母親就是精神分裂孩子產生問題的「原因」。包溫也認為，許多人類問題都源於家庭系統，但是很早就觀察到家庭中的關係模式不只涉及母親和孩子，還與整個家庭有關。母親和孩子當然扮演了主要的兩個角色，然而精神分裂症並不是單純因為母親和孩子的關係而造成的結果。

就如生態學家珍・古德觀察她的黑猩猩，包溫進入美國國家心理衛生研究院後，開始觀察人類家庭的情緒歷程。

一開始要解開這些家庭的關係模式相當困難。它就像是不同的個人在情緒上彼此糾結。當一個人的情緒變得很緊繃，往往可以預測另一個人會有何反應。這些情緒互動一直持續進行著，通常可以辨識出它們的形式，久而久之就成為相當熟悉的模式。偶爾，就連工作人員也會被扯進來。

此外，父母雙方的原生家庭也是情緒歷程相當重要的一環。包溫發現，焦慮是藉由彼此原生家庭的世代傳遞與流動而傳到核心家庭中，大量的家庭焦慮似乎會聚焦在一個成員身上。雖然精神分裂症被視為一種疾病（疾病甚至可能有某種組織結構的原因），有一種看法是，它也是一個症狀。在某種程度上，「疾病」的演變顯然

受到家庭焦慮滲透的影響。

　　情緒在這些接受研究的家庭中，從一個人到另一個人（甚至從一個世代到另一個世代）不停地傳遞、反彈。這些家庭似乎長期陷入可永遠持續下去的高度焦慮中。

　　傳統上，對於精神分裂症的看法比較簡單，母親是因（問題），孩子是果（病人）。但是，包溫對整個家庭的觀察開啟了一個嶄新和更寬廣的視野。即使母親和孩子之間的情緒性反應通常最緊繃，因此也最容易辨識出來，然而整個家庭都參與了這個情緒歷程。包溫了解到，只要研究者能夠適當地描述他們親眼看見的內容，他們就必須學習一種不同的思考方式：「系統思考」（systems thinking）。

　　系統思考取代了因果思考。父母不再是問題的原因，而是在一個更大的多世代情緒歷程中的接收者、傳播者與貢獻者。雖然這個歷程極為複雜，卻能夠掌握一定程度的理解。強調系統思考就是盡可能在同一時間內，看到相同場域裡越多人所處的位置越好。這是一種自然系統，在情緒上類似其他物種的群集。

　　包溫很快學習到，如果要做到有效的觀察，就必須脫離他觀察的家庭那些複雜而強烈的情緒模式。當包溫與他的臨床團隊能夠保持情緒穩定，所觀察的家庭也會以相同的穩定度回應。在這些情況下，家庭中的每個人，包括「精神分裂症」的孩子，舉止都變得更為恰當。然而，如果包溫或團隊的研究者以強烈的情緒來回應這個

家庭的焦慮，那麼每個人的感受都會因為這種高漲的反彈情緒而升高。當家庭成員沒有那麼焦慮時，通常無須外在的協助就能想出解決問題的方法。

時下廣為流行的理論並沒有適當地描述這些觀察。為了理解它們，包溫畫了家庭圖——以圖表讓成員坦率揭露重要的家庭事實（見圖1）。久而久之，這些家庭圖揭露了很多家庭的情緒與情緒歷程，也是一種促進系統思考的方式。

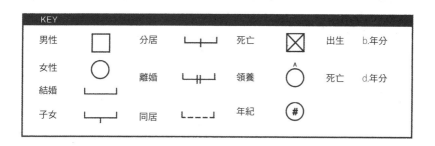

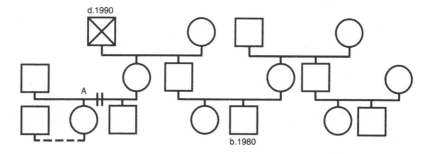

圖1 家庭圖是家庭歷史事實的紀錄，包括家庭成員的生日、死亡日期、居住地、搬遷日期、教育程度及健康狀況。

檢視幾個世代的功能與情緒歷程，提供了一個理解「整體局勢」更好的方式，對於學習系統思考非常重要。

　　治療師研究自己家庭的系統與情緒歷程，會得到最有價值的學習。包溫觀察那些願意在家庭中改變自己，以及沒有這麼做的精神科實習醫生，兩組人有很大的差異。

　　選擇精神分裂症的家庭進行研究，在科學工作中無疑是相當幸運的事情。由於這些家庭的情緒歷程強度一直在升高，讓觀察這些歷程變得很容易，進而使得這些發現可以運用在其他家庭中。對包溫而言，觀察這些研究對象的家庭情緒歷程其實與其他家庭類似，只是在程度上有所差別而已。他發現家庭就像個人，可以排列成一個功能的光譜，有些家庭在功能量尺上比較高，有些家庭較低。

　　截至目前為止，儘管已經有了大量臨床經驗，然而還是缺少奠基於包溫理論的科學觀察。在通往最終被接受為事實的漫長過程中，它只不過跨出了第一步。這個理論並未聲稱能夠完全解決人類本質的錯綜複雜，也不是執行心理治療的主要方式，更不會提供社會問題的全部解答，然而它提供了一個架構，可以擴展對於所有這些領域的理解。

　　包溫最終發展了一個完整理解人類行為的理論。從整體上看，包溫家庭系統理論開啟了人類行為嶄新而寬廣的視野，相較於過往的理論好像用木板的節孔凝視夜空，它就像人類第一次用望遠鏡去觀察夜晚的星空。

　　包溫的研究顯示，這些理論原則適用於任何人與另一個人或族
群的各種關係，而本書就是致力於探討人際關係的理論。因為包溫
理論的各個概念相互連結，探討其中一部分很自然且不可避免地就
會觸及其他部分。然而，本書的重點主要放在這個理論的觀念對於
更充分理解人際關係是不可或缺的。只有當一個人能夠以更寬廣、
有效的方式去思考人際關係，才有機會提升自己在各種人際關係中
的功能。

一個關於人際關係的理論

人類對於他頭腦裡的內在空間學習得很慢。我們到現在只略懂皮毛。

————莫瑞・包溫，1988 年

　　這個思考人類現象的新方式，在一些意義深遠的方面有別於之前的佛洛伊德理論及其許多衍生物。一個重要的差異是，這個新理論強調要綜觀全局。佛洛伊德理論著重在對個人生活精準詳細的描述，包溫理論則追尋更寬廣的視野，涵蓋了整個關係系統。了解系統並在其中致力於個人的改變，不只對個人也對整個系統產生強有力的影響。

　　因為精神醫學源於要對有心理疾患的人「做點什麼」的醫學需求，或許不可避免的是，這門學科始終維持一種聚焦於症狀的觀點。這無疑使得精神醫學的研究能夠在疾病的診斷與治療上有很大

的突破，但是如此強調症狀的觀點也妨礙了人類的潛能，讓其他取向有了發展的機會。或許它需要超越疾病或病理的觀點，致力於探索如何使人類的生活與人際關係發揮最大的可能性。

著重在了解人類的優點，而非病理或症狀的研究少之又少。事實上，就像報紙很少報導好消息，聚焦於人類家庭系統優點的研究更是鮮少得到支持。然而，如果我們想要改善生活品質，那麼一個具有「最佳可能性」的模式就相當有價值，按照計畫進行的引導原則能幫助我們達到這個理想。包溫家庭系統理論同時提供了人類潛能的清晰圖像，以及朝這個圖像前進所需的詳細原則。

由於人類所作所為都深受自己想法的影響，檢視一個人如何思考人際關係相當重要。透過更客觀與全面性的思考，人們才有機會看到人際關係的真實樣貌，而能夠理解和運用理論性的原則將有助於看清這些關係的本質並改善人際關係。

學習用不同的角度思考並不容易。有些人形容這就像換了一顆腦袋，強迫它用全新的方式運作。但是如果一個人對這種困難的事情躍躍欲試，也會讓人感到興奮且有挑戰性。要理解並改變關係的首要之務就是自我分化（differentiation of self），我們將在個體性驅力（individuality force）和連結性驅力（togetherness force）之後描述這個概念。理解這兩種驅力是理解自我分化的基礎。

第二個理解人類連結關係的重要原則是情緒系統。在這個概念中，**系統思考**與**觀察歷程**變得淺顯易懂。在後面的章節中，這些原

則將運用於各種生活情境。但是,要理解本書其他的內容取決於理解包溫理論中兩個最重要的概念:首先是關係中的自我,其次是自我生活在其中的情緒關係系統。

個體性驅力與連結性驅力

> 這個理論假設有兩種相反的基本生命驅力,一是建構生命成長的驅力,朝向個體性和個別「自我」的分化,另一個同等強度的驅力,就是情緒的緊密。
>
> ————莫瑞·包溫,1973 年

人類狀況最重要的一個特徵,莫過於努力在兩股推力中尋找一個平衡點:成為一個人的驅力——孤單的、獨立存在的——以及與關係中的其他人在一起的驅力。理想上,這兩股傾向終將達到令人滿意的平衡狀態。然而,結果往往是永無停歇的劍拔弩張。

個體性驅力會將一個人與他人推開,以此來界定自我。它驅使一個人採納自己的信念、對於選擇進行分析推斷並主張個人的自主性。這種建立自我的工作,伴隨著其信念、目標及區分人我差異的界線,始於生命的早期,並且從理論上來說,會一直持續下去。這種個體性驅力長期存在於人類之中。它持續地提醒一個人,界線在

個人的關係中是無法妥協的。

連結性驅力鼓舞我們轉向他人，尋求依附、歸屬和認同。它是一種情緒歷程，在人與人之間傳遞著焦慮和自我，而這種在個人之間情緒與自我的流動就是將團體視為情緒單位的基礎。讓我們用大自然的例子來闡述這個概念。

在動物中，有一種傾向是當危險出現時，焦慮會立刻在獸群中擴散。這種焦慮從一隻動物傳到另一隻動物，使所有動物更靠近彼此。獸群處理焦慮的可預期方式（例如獸群更靠在一起），正是連結性驅力的特色。毫無疑問，這種驅力就像生命本身一樣古老。當然，肯定有一種連結性驅力讓所有活細胞都聚集在一起。

在人類身上，從友誼、家庭或社會本身都可以看到連結性驅力。在這些情緒單位中，個人之間傳遞焦慮的方法就是每個人的某個部分與他人交換。當一個人被視為有問題的時候，這個人會失去部分的自我，而另一個人會得到一部分他人的自我，或是他們兩人都聚焦在對方或第三者身上而失去了自我。

連結性有時又稱為融合（fusion），意指關係中出現了自我放棄與獲得他人自我的現象。融合，或是連結性，特別容易在情緒成熟度低或焦慮非常高的狀態下自動反應。儘管情緒融合可以降低焦慮，但也會產生不舒服的感受，將人們推往彼此厭惡的方向。

個體性驅力與連結性驅力所引起的張力是人類生活自然且不可避免的事實，而它們具有張力和對立的基本特質，更說明了需要持

續齊心努力才能保持生命的平衡。

到底有沒有所謂個體性與連結性的適當比例呢？理想上，情緒成熟度（分化）高的人們，能夠同時享受各種人際關係，不需要將他們的焦慮傳遞給他人，或是透過他人來成就自己。沒有連結性的關係令人自在又運作順暢，然而，那並不表示連結性是個壞事。它是一種自動化的情緒性反應。自動化的情緒性反應無所謂好壞；它們就是這樣，只是生命的事實罷了。

情緒越成熟的人，越容易管理個體性／連結性驅力。這種人在情緒上擁有比較完整的自我，依附另一個人的需求較少。對於這樣的人來說，不論是跟別人在一起或獨處，生活總是能怡然自得。情緒越成熟或分化程度越高的人，將擁有越多的自我可以去處理生活中的各種問題，包括人際關係問題。

相反地，情緒越不成熟的人，習慣在關係中尋求慰藉，這種人會期待別人來滿足他們自己所缺乏的自我，試圖在兩個或多個別人的自我之中，建立出一個完整的自我。

在人類歷史中，個體性／連結性的二分法可以被視為民主政治與共產主義的對照。民主政治強調個人的權利，共產主義強調群體的權利。每個社會或許對於解決個體性／連結性的問題有不同的強調，可能各自產生了稍微不同的問題，同時也會詳述其人民不同的有利條件。

已婚的人有時候會渴望單身生活能夠有實現個體性驅力的機

會；單身的人或許很渴望婚姻提供的連結性。然而，一個人的個體性在雙重嚴峻考驗中會受到最佳的檢驗：藉由獨自一人以及與關係中的他人在一起。

重要關係的情緒強度是一種刺激，會強化連結性驅力。當每個人發現了關係中的個別意義，連結性驅力就會變得更強烈，如地心引力般運作。每個人的想法、感受和行動都會變得「以別人為主」，個體性（身為一個分離自我的行動、想法和感受）變成關係的干擾，聚焦於自我變得黯然失色。一旦將焦點都放在別人而非自己身上，生命方向就偏離了原來的軌道，朝著過度連結性邁進（也就是在關係中放棄自我）。

當情緒系統中的焦慮升高，連結性的拉力也會增強。例如，家中某個重要的人過世不久，有人要結婚的情形並不罕見。此時可能比較難維持個體性，變得很容易陷入連結性。又如，一個被認為很穩固的人在休息時間遇到了幾位好友，會發生什麼事？他的個體性在說著種族笑話或八卦時，很容易向團體連結性的強烈拉力讓步。

獨自一人的狀態不應該被誤解為個體性。一個能夠良好界定自我的人有時會獨處，但是獨處可能並非個體性的表現。更準確地說，孤獨往往是面對緊張關係的反應，是一種連結性之於緊張關係的固有反應。

連結性和缺少多少程度的完整個別自我形成了一個數學函數，連結性是指一個人缺少多少程度的完整個別自我，而符合這種想法

的另一必然結果，就是缺少完整自我的部分需要透過與他人的關係來建立一個完整自我。這些情緒的依附（或連結性）需求有很多種形式。

意圖建立自我的形式可能像是前面那個經常發生爭執的林家夫婦，每個人都想要將別人改變成自己希望的樣子，專注於別人的缺失而沒有聚焦在自己身上。另一種連結性的形式就像陳家夫婦，將兩個自我融合成一個自我，對親近感到不自在而彼此疏離；黃家人的連結性模式則是一方在關係中獲得自我，而失去自我的一方則以生病的姿態來回應。

另一種連結性的形式就像趙先生和趙太太，將焦點放在第三者身上，而不直接處理他們的關係焦慮。連結性的力量一直都存在，會隨著時間起伏波動，因為所有人感受到不同程度的驅力，連結性如何在每個生命中呈現也有不同的故事，取決於情緒場域中不同程度的焦慮。

這兩股力量如何在團體中演出呢？大多數團體會在人我之間彼此交換自我，久而久之就發展出固著的關係模式。因為人們很少能夠替自己著想，而是不假思索地採納別人的觀點，經常會發展出彼此對抗的小團體。當團體中的焦慮升高，團體所做的決策通常只為了選邊站，別無其他，而這些情緒性的決策未經周密思考，長期下來並不健全、可靠。

相對地，一群個體性程度高、連結性的拉力較少的人，根本不

會形成一個團體，至少並不是一般人所認知的團體。在一個高階團體中，或是「個體的集合」，每個人會依照自己的原則來思考與行動，能夠清晰地思考和平靜地解決問題，然後適時地與他人溝通，說清楚自己的想法。在這種理想的團體、公司中，顯然並不需要放棄自我，而是以深思熟慮來檢驗問題。每個人都按照自我的原則與周全思考下的行動與其他團體成員互動。

在如此高度自我分化的團體中，領導者與追隨者的立場不再是個問題。每個人不但可以為自己負責，也能為團體的生活與福祉負責，而每位成員也有能力主導一切。在不同的時間，為了不同的目的，不同的人能夠擔任領導者的角色，而不會威脅到他人或與他人比較。也許這聽起來像是烏托邦，然而當人們開始以較高程度的個人功能互動，就能夠實現這樣的人際互動。

在維持獨立性／連結性驅力的平衡上，每個人最核心的兩難莫過於如何持續聚焦於自己的生活和方向，同時仍然能夠與生命中的重要他人保持開放和清晰的溝通。或是，以不同的方式來說，一個人如何成為最好的自己，並且能夠跟擁有同樣目標的其他人共處？包溫理論指出了往這個方向邁進的指引。

自我分化

3

一個漸進式的量尺……從完全沒有自我（未分化）最低的一端，到擁有全部的自我（分化）最高的一端……它是一個非常精準的概念，描述一個人有別於關係系統中其他人的事實……在敘述性的層次，它是一個介於自我與重要他人之間的關係現象。

————莫瑞·包溫，1988 年

在包溫家庭系統理論中，若要說哪個單一概念最核心與重要，莫過於自我分化的概念。它是理解各種關係的基礎。用一句話簡單描述這個概念：**個體的適應能力各不相同——亦即，要因應生活的需求並達成他們的目標。**

在這個假設性的量尺上，人們的分化程度從高到低各不相同，取決於當下有多少基本自我（basic self，自我的堅固部分在關係中是不容妥協的，見圖 2）。

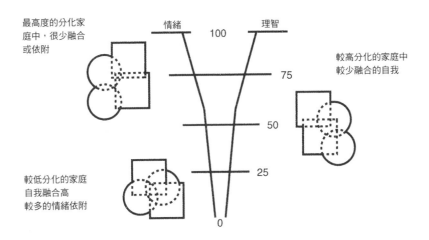

圖 2　不同分化程度的自我依附

　　基本自我是一個人在生命極早期從家庭的情緒系統「已分化」或分離出來，對於不同的人和家庭，程度各異。這會發生在母親／孩子／家庭連結性的脈絡中。相當多的分化程度在嬰兒期就被家庭系統所設定，甚至可以在新生兒身上觀察到能力素質的差異。從理論上來說，一個人位於分化的最高程度，在離開原生家庭之前就是一個完整且情緒獨立的自我。

　　分化的程度越高，就會存在越多的基本自我，越不需要將自我依附在他人身上。這是因為一個人比較能夠全然地在情緒上與原生家庭的情緒系統分離。缺少情緒依附不表示會跟家庭成員情緒疏離。相反地，因為情緒依附較少，在情緒系統中更能夠保持開放的接觸。

很多人在長大成人之後，基本自我就不再發展。這意指在不同的程度上，基本自我只維持在過往原生家庭的樣貌，並未完成要脫離與其他家人的融合，因此，自我只有部分的分化。他們需要其他家人來建構完整的自我，在關係中進行融合。因為他們從原生家庭分離出較少的自我，他們會不假思索地這麼做，對此毫無自覺。在成人階段，他們嘗試要關係中的他人讓自己變得完整或是對不足有所補償。這種依附的傾向是不假思索的，他們並沒有覺察。

個體適應的各種樣貌也可以在其他物種身上看到。珍‧古德在奈及利亞貢貝（Gombe）觀察黑猩猩，發現了各式各樣的適應方式。她的研究顯示，一些黑猩猩較善於社交互動、照顧下一代，而且比其他黑猩猩更有生存能力。這種差異可以被視為黑猩猩不同的分化程度。有一隻黑猩猩福林特（Flint）和牠的母親芙蘿（Flo），彼此非常依附對方，福林特的嬰兒期特別長，而且從未離開過母親，一直待在距離母親非常近的地方。當福林特的母親年老過世，牠已經八歲半了（對多數黑猩猩已經是獨立的年紀），「陷入悲傷與憂鬱的狀態」。就在牠母親過世三週半之後，福林特也在母親過世的同一個地點去世。

有時候，關係是一種嘗試建構完整自我的方法，就像它在原生家庭中所建構的。可能是重複早年的模式，或是對此模式做出回應和逃避。例如，若早年主要的關係充滿了衝突，成年時在建構完整自我的過程中，可能傾向於尋覓經歷情感衝突的關係，或是對衝突

感到極端厭惡，試著在成年關係中付出任何代價來維持和平。

人們會試圖在關係中補足不完整的自我，同時，系統中的其他人也有同樣的目標，希望可以藉此建構完整的自己。這種建構完整自我的努力來自兩個未分化的自我，導致自我的融合。它是建立在原生家庭未解決的依附或連結性的需求上。雖然融合試圖平息連結性驅力，意味著自身的焦慮讓關係緊繃。但是，如果一個人已經發展出比較堅固的基本自我，就較不需要藉由與他人融合來彌補情緒的不成熟。

基本自我受到兩個內在引導系統的影響，一個是維持生命所需的自動化、情緒或本能性的歷程。早年形成的情緒性反應模式也成為這個自動化引導系統的一部分。這個系統可能主要根植於大腦的情緒部分，在爬蟲類和其他哺乳動物也有同樣的發現。

另一個內在引導系統大部分在大腦皮質層運作，演化的時間比較晚。透過思考、推理、判斷和邏輯的處理，它的運作已經達到**智人**（Homo sapiens）最複雜的發展層級。

這兩個部分共同組成了自我的引導系統。基本自我分化程度較高的人們，對於是否按照思考自我的引導或情緒／感覺自我的引導有比較多的選擇。他們比較能夠區分這兩種功能。在分化程度較低的狀況下，理智和情緒引導系統融合在一起，很難或完全無法區分這兩個系統，使得情緒全然駕馭了理智。

每個人都是由許多生理和心理的能力與性向，以獨特的方式組

成。然而，內在引導系統對於一個人能夠發揮多少先天的能力與性向，具有決定性的影響。在分化程度較高的狀況下，基本自我的思考部分（內在、思考周延的原則與信念）能夠為了任何目的而隨時予以運用，如果有需要，甚至可以調節或修正情緒性反應。

這是如何運作的呢？舉例來說，一個人很有音樂才華，但是自己並不這麼認為，此種信念將限制他或她在音樂上的成就。然而，另一個人或許才華有限，卻自認頗有天賦，竭盡全力發揮才能，步上傑出的音樂生涯。透過這種方式，一個人一再地經歷了成功或失敗。對於自己、他人與世界經過周密思考而得到的信念，能夠在多少程度上為自己所用，就成為基本自我內在引導系統的思想核心。

在所有不同程度的分化上，基本自我或多或少會被功能性自我（functional self）或「假」自我所圍繞。假自我（pseudo self）能夠以比基本自我分化程度更高或更低的方式運作，主要取決於外在環境是否有利。如果外在環境有利，功能性自我會發揮得很好，從外表看來他或她是一個高度分化的人。然而，若環境變得不利、焦慮升高，同一個人可能會出現生理或情緒症狀，或是不成熟的行為。

根據自我分化程度的不同，功能性自我或假自我形成了不同滲透程度的界線：分化程度較高的人，界線較難滲透。當系統中的焦慮升高，功能性自我的部分會進行妥協；與同樣滲透程度的人在關係中融合，放棄自我或取得對方的自我。接受來自關係系統的信念，而非自己理解的信念，成為功能性自我或假自我的一部分。

基本自我不需要任何支持，它是非常肯定、不會動搖且不接受妥協的。「分化」這個名詞，只適用於基本自我，而不適用功能性自我。要判定一個人的分化程度相當困難，除非可以長時間觀察這個人在不同環境中的一舉一動。分化程度越高的人，總是能夠以越多的基本自我來引導所有的行為。

我們可以將基本自我想像成它四周圍繞著明確且不能滲透的界線。它既不會在關係中放棄自我，也不會取得別人的自我；沒有借用或出借。如果基本自我很小的話，圍繞著它的功能性自我可以想像得比較大，大到足以讓這個人在世界上生存下來。

源自功能性自我的思考、決策和行動並不是最理想的狀況。當一個人相對地擁有較多的功能性自我，就較少能夠獲得內在指導系統所帶來的好處，將傾向於重複過往的模式，並且對情緒性環境的反應比較激烈。發展出比較好（或比較大）的基本自我，功能性或假自我比較小，可滲透的界線較少（或比較完整）。相反地，發展比較少（或比較小）的基本自我，功能性或假自我較大，可滲透（或可妥協）的界線就比較多（見圖3）。

分化程度較高的人在關係中較少進行自我交換，這個事實並不是指他們比較不跟人合作或沒有愛心。相反地，在比較高的程度上，他們更有合作和利他的能力，只是這種合作或利他並非一種自動化、有助於適應或順應別人的反應，而是依從內在原則的引導而做出思考周延的決定。在基本自我分化較低的人中，除了盲從之外，

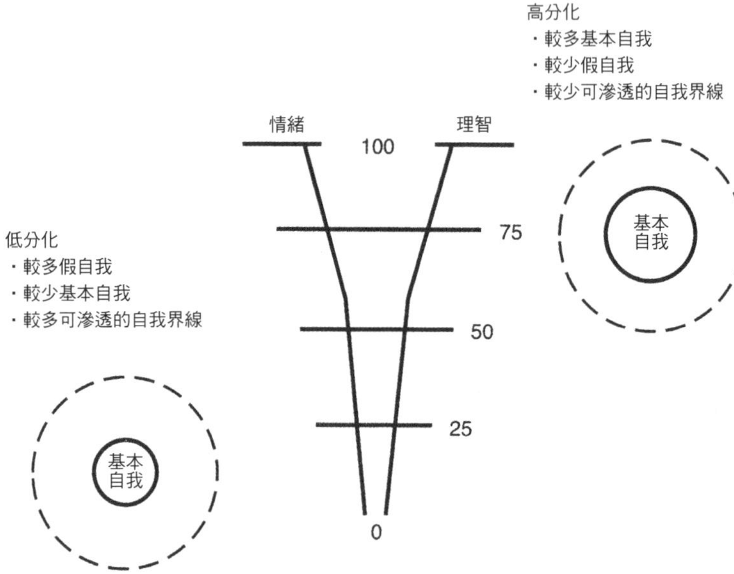

高分化
．較多基本自我
．較少假自我
．較少可滲透的自我界線

情緒　　　　　理智
100

低分化
．較多假自我
．較少基本自我
．較多可滲透的自我界線

75

基本
自我

50

25

基本
自我

0

圖 3

還有與盲從相反的抗爭和反抗，都是面對團體壓力的情緒性反應，伴
隨著功能性自我的妥協面對焦慮所採取的困獸之鬥。分化程度較低
時，功能性自我會自動地放棄自我或取得別人的自我。事實上，因為
功能性自我只受情緒系統的左右，它幾乎是反射性的動作。

　　由於大腦的理性、邏輯部分無法在強烈的情緒下可靠地運作，
分化程度較高的人，比較有能力在想法與感受之間做出選擇，更能
全方位管理自己的生活。他們做決定的能力較好，導致因應的行為
也比較好。他們能夠穩定自己的情緒，以便在困境中思考。

　　再者，分化程度較高的人，較少關注是否被愛或被接納，或是別人對自己的觀感。他們比較會依照自己的原則過生活，使關係變得更平順，所以關係考量不會像分化程度較低的人那樣支配他們的行為。面對生活問題時，比較能夠運用深思熟慮的內在引導系統，結果使得各種關係與所有生活的焦慮變得更少（見圖4）。

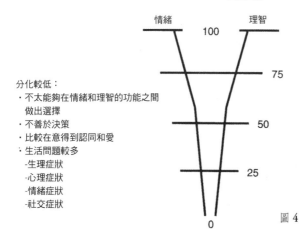

分化較高：
・比較能夠在情緒和理智的功能之間做出選擇
・較善於做決策
・人際關係良好
・比較不在意得到認同和愛
・生活問題較少
　-生理症狀
　-心理症狀
　-情緒症狀
　-社交症狀

分化較低：
・不太能夠在情緒和理智的功能之間
　做出選擇
・不善於決策
・比較在意得到認同和愛
：生活問題較多
　-生理症狀
　-心理症狀
　-情緒症狀
　-社交症狀

情緒　　　　理智
100
75
50
25
0

圖4

高度分化的人擁有絕佳的能力，能夠平靜他們的情緒狀態；分化較低的人則被情緒癱瘓。高度分化的人能夠選擇情緒狀態，並且全然地享受它們，然而在量尺較低的另一端，感覺與思考系統緊密地連結在一起，要處理這個狀況會引發更多焦慮。分化較少的家庭會產生比較多焦慮，包括慢性的（來自世代傳遞）和急性的（短期），而自我分化程度較高的人，焦慮會不斷地減少。

　　總的來說，在量尺上程度較低的人有做決定的困難，因為他們較少在想法與感覺之間做出選擇，多數決定都是被情緒主導。如果他們了解這個事實，可能會在必須做決定的時候僵住不動。他們的人際關係也有困難。

　　那些在分化量尺較低那一端的人，因為比較缺少自我，一直透過和另一個人融合來建構完整的自我。然而，融合是一個不舒服的狀態，所以關係很難維持幸福。他們對於被愛和被接納有著無止境的擔憂，可能以擔憂別人會怎麼看他們的形式表現出來，或是反其道而行──反抗被接受的行為或標準。基本上，這兩種姿態都是關注他人是否接納自己的反應。

　　自我分化程度較低的人，每天會面對相當多的焦慮。有些焦慮來自對外界壓力的反應，例如不良決定（急性焦慮）的後果，有些則是長時間的慢性焦慮。這些焦慮最初來自家庭情緒系統和多年一再重複的模式，變成了一個人永久的情緒性反應。這種慢性和急性焦慮各有不同的來源，但經驗到的都是負面的，進而產生了症狀的

影響。焦慮的症狀可能是情緒、心理或生理的疾病或問題，包括成癮或偏差行為。在量尺最低的那一端，如果要說改變並非不可能，也是難上加難。

大多數人離家之後仍然保持原來的分化程度，然而成人絕對可以透過努力加以提升。經由思索，將自己的原則理出頭緒——這對於基本自我的發展至為重要——是每個人都可以開始進行的計畫。要提升在思考與情緒反應之間做決定的能力，獨自一人是有可能做到的，但是有一位教練或督導絕對會事半功倍。在技術上來說，一個人離開原生家庭後，只會出現小幅度的改變，但是任何在分化程度的改變都會造成生活所有領域的巨大改變，尤其在人際關係上。

系統思考
與
觀察歷程

4

> 這個系統理論致力於將人類視為地球上生物演化不可或缺的一
> 部分……人們的言行有很大的落差……系統思考……是將注意
> 力集中在超越因果思考，並以系統性的觀點來看待人類現象。
> 情緒性反應在一個家庭，或是一起生活或工作的其他團體中，
> 都是以連鎖反應的模式，從一個人傳遞到另一個人身上。
>
> ————莫瑞・包溫，1973 年

　　到目前為止，想要更了解人類情緒運作的治療師或研究人員都
是以個人為研究對象。家庭中的其他人只有在他們和這個人有關的
時候才會受到關注；很少人會嘗試以一個情緒單位或「系統」來理
解家庭中的人際關係或家庭如何運作。

　　包溫理論假定，基本的情緒單位是核心家庭。從這樣的觀點來
看，個人只是情緒單位的碎片而已。想要理解一個人，必須盡可能

完整地理解核心家庭。情緒很少會停留在個人身上，它們在家庭中從一個人到另一個人永不停歇地流動。有時候，它們會溢出家庭之外，流到其他人、其他家庭，甚至社會機構。

「系統思考」是盡可能對整個關係系統有越多的覺察越好，包括系統中有哪些成員、每個成員**對應到**他人的功能位置、其中的各種關係有哪些樣貌、這整個關係系統如何處理情緒、它如何共同合作而形成一個系統——一個情緒單位——以及自我如何適應這整個系統。

「系統思考」不只是觀看某人的父母如何以各種方式影響現在已經成年的這個人。如果只是覺察到哪些家庭因素與自我有所關聯並產生影響，這種思考仍然停留在個別的線性因果關係。然而，若一個人開始看到父母的關係如何個別地影響到他們每一個人，也如何影響到自己，以及父母與他們的父母關係如何運作——更不用說一個人的兄弟姊妹、伯父伯母、叔叔嬸嬸、姑姑姑爹、舅舅舅媽、阿姨姨丈、堂／表兄弟姊妹如何融入這個家族，以及這個家族如何共同打造出一個生命有機體——這就是系統思考的開始。

在包溫家庭系統理論中，系統思考假定，身為演化的產物，人類神經系統的情緒部分和其他生命形式並沒有什麼不同。人類關係系統是大自然的一部分，不能和大自然分開。這表示從人類關係系統處理情緒所觀察到的規則與預測性，和自然界發現的情況類似。雖然過去有人只是在嘴上說說人類和自然界其他物種相似之處更甚

於相異的概念，人類行為的理論卻很少利用這個想法，反而將重點放在是什麼讓人類如此獨特——高度發展的前額葉皮質。雖然這些理論並未忽略演化上更為古老的人類情緒系統，卻幾乎看不出人類情緒系統與動物界有所關聯的價值，也不能理解在自然系統中，情緒性（emotionality）於不同的個體之間如何連結。

透過保羅‧馬克連恩（Paul MacLean）博士費盡心思進行腦神經解剖比較的「三重腦」（the triune brain）研究，人類是整個自然界的一部分此一立場才變得比較明確。馬克連恩的研究顯示，在演化發展中，較低功能的「爬蟲動物的」腦（繁殖、攻擊）和較高功能的「哺乳動物的」腦（照顧與養育下一代、聽覺發音溝通與遊戲），都被完整地保留在人類身上，而結構和功能的設計也幾乎沒有改變。

人類獨特的前額葉皮質比較晚發展出來，它對於情緒的影響並不如之前認為的那麼明顯。臨床上顯示，這個會思考的大腦必須努力運作，有時需要一段很長的時間才有可能改變情緒模式。同時，強烈的情緒似乎能夠推翻邏輯思考，而在情緒升高時，就算有可能，也很難有邏輯地處理訊息。

靈長類動物學家如珍‧古德和法蘭斯‧德瓦爾（Frans de Waal），以及社會生物學家如愛德華‧威爾森（Edward O. Wilson）針對動物系統進行實地觀察，揭露了自然系統的事實，顯示人類和其他靈長類動物的情緒關係系統有非常多共通點。法蘭

斯‧德瓦爾在他的《黑猩猩政治》《*Chimpanzee Politics*》一書中表示：「如果不使用人類用語就很難說明這個社會組織，因為在我們自己的社會中也有極為類似的幕後影響力……我們的政治活動似乎是演化遺產的一部分，也是我們與近親共同擁有的……政治的根源比人性更古老……我對於黑猩猩行為的知識與經驗讓我得以從另一個角度來看人類。」就像生態學家觀察動物以了解其行為與系統的事實，人類家庭系統的思考者也忠於事實，探索發生了什麼、如何發生、何時發生、在哪裡發生，以及涉及何人。他們避免詢問為什麼，因為這只會引來對動機的解釋和揣測。

人類兩人一組的關係（dyad）非常不穩定，以至於當兩個對彼此都很重要的人發生問題時，他們會自動地以某種方式將第三者拉進這個焦慮的情境。這個第三者被帶入原本屬於兩人的焦慮，使得焦慮在三角關係中流竄。

在任何情緒系統中，都可以觀察到許多三角關係，伴隨著焦慮四處流動。人類的情緒系統就是由三角關係打造出來的。

包溫對三角關係有這樣的描述：

「一個兩人的情緒系統並不穩定，在壓力下，它會從原本的兩人系統轉變為三人系統或三角關係，而一個三人以上的系統會形成一系列的連鎖性三角關係。以下是單一三角關係的某些功能特徵：當一個兩人系統在緊張升高時，通常其中一人會比另

一人更不舒服，而不舒服的這個人會透過告訴另一人關於第三者的故事來『引入三角關係』，這樣就可以釋放前面兩個人的緊張，將緊張的狀況轉移到第二人和第三人之間。處於穩定狀態的三角關係，包括一個舒適的兩人關係和一個局外人，最好的位置就是兩人關係的任何一位成員。如果局外人的緊張狀況升高，可以預測他的下一步就是與原來兩人關係的其中一人形成新的兩人關係，留下另一人成為新的局外人，如此三角關係的力量就會隨著時間不停地移動。當三角關係處於緊繃狀態，圈外的位置是最好的位置，並且會以這樣的姿態說道：『你們兩個人自己去吵，不要把我扯進去。』從增加親密感或逃避緊張的向度上，它提供了一個更生動的觀點來看力量的轉移。在這個三角關係中，每個人不斷地移動自己的位置，以增加一點點親密的舒適感或遠離緊繃情緒，而每個人的移動也需要另一人相對應的移動。在緊繃的狀態下，當三角關係無法讓力量在關係內順利轉移，那麼原本的兩個人將會尋找另一個方便的第三者(與這另一人形成三角關係)，然後，情緒的力量就會在這個新的三角關係進行同樣的循環，而原始的三角關係循環將轉趨平靜，卻隨時可以再利用。在高度緊張的時期，一個系統會將越來越多的局外人引入三角關係。常見的例子是陷入高度壓力的家庭會使用三角關係系統，將鄰居、學校、警察、診所及各種局外人納入其中，如此這個家庭降低了家庭內的緊繃情

緒，卻產生局外人為這個家庭的緊張狀況而爭論不休的情況。「一個三角關係的特徵就是有兩邊正向和一邊負向。例如，親近的兩人關係中，一人對於局外人有正面感受，另一人則對這個局外人有負面感受……就算在最『穩定』的三角關係中，這種正向和負向的力量也會時常來來回回地轉移。一個三人系統只有一個三角關係，一個四人系統有四個基本的三角關係，一個五人系統則有九個基本的三角關係，以此類推。換句話說，當系統越大，三角關係的發展就呈倍數地快速增加。此外，當兩個人或更多人因為某一情緒性議題而集結成三角關係的一角，就會出現多種次級的三角關係，然後又會因為另一個議題而轉換成另一個樣貌。」

　　許多人類的三角關係會衝擊到彼此，也就是所謂的「連鎖」（各部分連動）。越了解情緒系統中的連鎖性三角關係，就越能夠明白情緒的力量。因此，如果對於三角關係沒有初步的認識，是不可能有系統思考的。

　　當一個人越能夠從三角關係系統的觀點看事情，就比較不會選邊站、公私不分、站在思慮不周的位置或去責備他人。當一個人可以系統思考，就比較不會採取固執、閉塞的立場，聲稱自己知道所有的答案，因為系統思考假定現實極其複雜，是可以調整的，而且總是允許新資訊的進入。

在法蘭斯‧德瓦爾對阿納姆動物園黑猩猩的行為描述中，有一些是關於三隻雄黑猩猩爭奪領導地位的迷人故事。長期以來的領袖葉羅安（Yeroen），遇到尼奇（Nikki）或路易特（Luit）的挑戰，尼奇和路易特可以彼此結盟，或聯合團體中有權力的雌黑猩猩來對抗葉羅安。在這種充滿焦慮的權力鬥爭中所形成的三角關係相當重要，永無休止。珍‧古德在野外觀察黑猩猩也發現了類似的現象。

　　雖然系統思考是一種比較複雜的思考方式，它的好處非常多。從寬廣的系統觀點來觀察每個情況，原本認為不是個人因素就是某種因果關係的看法會變得很不一樣。

　　系統思考的人能夠包容情況的複雜度，輕易地從表面不重要的東西切入問題核心，就像團隊教練、音樂指揮，或是任何時刻都清楚所有上場隊員位置的明星球員，他們學會去思考個人和整個系統各種不同的面向與關係。這種以思考自然系統來增進對情緒了解的方法，是其他方式無法提供的。

　　當一個人不只看到自己在關係中的位置，也知道另一個人在關係中的位置，以及他們倆如何正好配合在一起，這個人在關係中的表現就能夠做得更好。當兩個人置身於有意義的關係裡，他們會將關係帶入其他系統的脈絡中，例如他們的延伸家庭或職場。如果一個人能夠理解他人的系統並對他或她在系統中的脈絡有更充分的了解，這個人的視野將會被擴展。

　　人們可以學習系統思考，但是學習的過程並不輕鬆。練習系統

思考的機會無處不在——工作場合、運動比賽、音樂會。工作的時候，相較於家庭的初級關係，有時候會觀察得更客觀和清晰，然後採取的下一步是觀察這些關係如何彼此影響——亦即，這些關係在更大的系統中如何融入三角關係——這樣的觀察相當引人入勝。

酒精成癮的呂先生試圖了解他與母親的關係，然而只透過檢視此一關係對於改善責備他人的模式幾乎毫無進展。當他留意自己和他的父母所形成的三角關係，看到了焦慮在其中流動的模式：因為他是家中最小的孩子，成為母親焦慮的焦點（她家族中的老么都表現得不太好），而他父親更強化了他母親的焦慮。他的父親想要透過解決問題，讓他的母親不再焦慮，當她繼續焦慮的時候，父親變得對呂先生非常不滿。呂先生發現自己成為父母焦慮的焦點，表現出僵住、「關機」的姿態。當他了解為何會有這樣的姿態——對於焦慮流動的反應——找到了一些新方式來調整自己。就在他辨識出與父母的三角關係焦慮模式後不久，也看見這個三角關係與家庭系統中其他三角關係的關聯，以相當規律的模式透過情緒強度而連結在一起。

觀察的時候，不要將焦點只放在系統的結構（有哪些三角關係及它們如何相互影響），也要注意焦慮在這些三角關係系統中實際流動的情形。「觀察歷程」就是觀察情緒如何在個人之內和人與人之間，以及關係系統的三角關係中流動與變化。

大多數人的生活被各種困境和問題所占滿，需要得到解答，因

而耗費了非常多時間尋找答案和解決之道。同樣地，人際關係也陷入進退兩難的局面，雙方都在尋求答案的過程中迷失了。人們變得完全將精力放在尋找如何解決他們的差異，或是怎樣讓對方的行為符合自己的期待。生活中充滿了這些挑戰，聚焦於內容是可以理解的，也是慣性反應，然而還是有不同的方式來思考關係的運作。如果一個人能夠聚焦且更有效地管理情緒歷程，就可以更妥善解決這些問題。

　　系統思考很重要的一個部分，就是有能力去觀察自己所處系統的情緒歷程。為了更清楚地觀察人們在系統中的功能位置，留意系統的情緒歷程會很有幫助——觀察如何、何時，以及在什麼情況下誰做了什麼的事實。一旦看到了關係系統中的情緒歷程，那麼就一定和觀看焦慮在系統內不可阻擋的運作方式有關，久而久之就能了解連結性在其中的運轉原則。

　　觀察的時間或許很短暫——可能甚至不到一分鐘。觀察一個眼神，以及另外一個人對這個眼神的反應不必花很長的時間。或者，觀察一個歷程可能要花很多年、一生之久或數個世代的時間，當一個人要研究自己的家庭系統時通常是如此。只要能夠將焦點從問題轉開，無論時間多麼短暫，都可以學習到非常多，而「解答」也就更靠近了。換句話說，大多數問題的解答不僅和問題的實際內容有關，也和這個人如何處理問題的歷程有關，尤其一個人卡住了的時候更是如此。

觀察歷程的時候,必須同時留意想法、感覺和行為,才能夠涵蓋歷程的所有部分。要觀察主要成員的行為、他們用什麼姿態與他人互動,並且觀察這些姿態如何被焦慮影響,以及受到關係系統其他成員的左右。

觀察歷程相當複雜而迷人,包括要盡可能觀察自我與他人在系統中運作的各種特徵與模式,而且時間越久越好。如果一個人可以持續觀察團體中人們的情緒流動,在情緒上保持不涉入,這個人就學會了管理自己的情緒。當一個人觀察團體中彼此相關的人們有何想法、感覺和行為,甚至是自己裡面的情形,通常會看到一再重複的情形。舉例來說,如果一個人每次在焦慮升高的時候都會變得愛批評別人,那麼想要批評別人的傾向就可以視為焦慮上升的記號。這提升了觀察歷程的能力,所以能夠將焦慮管理得更好。

劉小姐切斷聯繫許多年之後,強迫自己回老家探望,覺察到一個自從有記憶以來就不曾改變的家庭模式。晚餐桌上,劉小姐的父親總是會找到某件事挑剔她的母親,她的母親看起來難過又沮喪,可以預見的是,劉小姐會跳進去保護她的母親。當她學會了讓自己保持情緒平靜並進行觀察,能夠在家人共進晚餐時一直坐著,不批評或為任何人辯護,就只是看著它發生而不認為是他們的問題。就在這一刻,當她更清楚看到家庭的情緒歷程,她知道她可以「離開」它遠一點點。

觀察歷程的能力意指個人管理情緒能夠往更高的層次邁進且有

所提升，這是因為要觀察情緒歷程，就必須保持情緒平靜。觀察情緒歷程需要科學家的超然觀點；情緒增強時，一個人會看得較不清楚。因為情緒性反應具有感染力，冷靜觀察情緒歷程需要自律，能夠不被情緒激發。就像學習任何新技巧，熟能生巧，假以時日，觀察歷程和改善問題的能力有所提升之後，管理自己情緒的能力也會跟著增強。

關係模式
與
姿態

5

自我分化程度決定了配偶的情緒融合程度。配偶處理融合的方
式則決定了在壓力之下，系統藉由哪些區域來吸收未分化的情
緒，又透過哪些區域表現出症狀。

————莫瑞・包溫，1972 年

人際困難似乎是人際互動的定律，而非例外，起碼對治療師而
言是如此。接下來這段愛情故事的情節通俗得可以當作小說範本。
很遺憾地，它也是治療師最常見的案例。

她和他相遇、彼此鍾情，繼而頻繁相會、無話不談，還有許多
相同的過往。隨著相處日久，相互吸引力逐漸發展為強烈的正向感
受。再過一段時間，兩人一想到對方便熱血沸騰。

他們在情緒上融合，兩個自我合而為一。融合的症狀之一，是
一方有能力激動或觸發另一方的情緒。她快樂，他便快樂；他憂

傷，她便憂傷。更明確地說，一方情緒張力升高，對方亦隨之情緒高漲。有時候其中一方的強烈歡喜或愁苦情緒，卻可能引發另一方感到惱火和挫敗。

才剛過完關係蜜月期，他們便留意到不時出現的負面感受。從與關係本身有關且朦朧暗昧的焦慮，到極端鮮明的脅迫感、不安全感、妒忌，這些負面感受的涵蓋範圍不一而足。縱然負面感受似乎會在初期以猝不及防的速度籠罩兩人關係，但往往稍縱即逝。最終，焦慮壓倒了正向感受。

於是這對愛侶開始懷疑這樣下去還有什麼意義。他們沒有分手，一則由於彼此還能間歇創造出一些不錯的感覺，其程度足以使雙方持續看好這份關係；二來有可能單純為了財務或子女這類屬於兩人感情以外的因素；再者便是當初鍾情對方的甜蜜記憶，支撐著他們繼續走下去。

經歷幾番折騰，終於有人對於這段關係是否令人滿意、能否長久持續下去失去了信心。「要從哪裡開始改善？」這往往是人們迫切求助專業以處理私人議題的開始。臨床工作者目睹著千篇一律的故事：伴侶分居後，雙方仍然不快樂；有人擔心自己會因為無法與同事融洽相處而遭到解僱；家長面對親子關係便劍拔弩張。令人遺憾的是，面對關係議題，大多數人並不知道如何採取必要的改變。**陷入關係危機時，人們的舉措往往與平日並無二致，唯一的不同僅在於行為更加激烈、情緒越發焦慮罷了。**

　　當焦慮降得夠低，人們才能開始思考所面臨的問題。焦慮損傷思考能力，而良好的思考能力往往讓我們看見，令人不甚滿意的伴侶關係模式並非現在才形成。它可能肇始於多年之前，甚至可以追溯至童年，以及更早的世代。重要的是，人必須具備能力，觀察得出想法、感覺和行為模式存在於何處。一旦能夠客觀看清模式，以及模式如何在一段時間之內自行重演，就有能力看出自己對這個模式的影響。

　　關係模式之中，唯一能夠透過個人力量去改變的，是自己有所參與的那一部分。所謂「一個巴掌拍不響」，關係模式的形成有賴兩人（或多人）之參與。舉例而言，關係中成員之一出現棘手的身體、心理或情緒症狀，一般會將這些症狀視為該成員的個人問題。然而多數情況下，症狀只不過是傳達關係焦慮的方式罷了。現實生活中，製造症狀一事，人人有份。因此，只要有人在不脫離這份關係的前提之下，改變自己對於關係議題所做出的影響，這整個模式通常就會有所變化。

　　盡己所能多了解模式，自然有其益處──包括模式如何形成，以及目前啟動模式的因素是什麼。然而改變模式卻是件孤軍奮鬥的艱苦任務。這項任務從起步、歷程到結束，都得費盡思考。想要了解模式、模式如何滲入家庭、自己為模式帶來的影響，以及如何改變模式，這些都需要依賴思考。這其中，演練也是不可或缺的。人透過客觀檢視，得以明白自己在關係模式中的角色，並因耐心反覆

嘗試、從錯誤中學習，使改善持續進行。

　　開始將關係視為模式來思考，以更細膩的方式思索感覺與情緒性反應（亦即形成模式的元素）會大有幫助。

關係中的情緒

6

演化的諸般科學事實，早已被拿來取代多項佛洛伊德理論的觀點。有太多事實為演化提供豐富的驗證。

————莫瑞・包溫，1988 年

這個世界上，沒有人願意活得麻木不仁。感覺為生活帶來色彩、能量和動力。情緒之於生命體至關重要，負責在生存危機中發動強烈、迅速而必要的反應，用來保全性命。情緒使物種得以生養後代、確保延續。築巢本能、領域性和嬉戲也是大自然次序中不可缺少的元素。感覺以歡樂、包容、溫暖，為生命添加色彩。

情緒是強烈的身心反應，各項本能也屬於情緒。以大腦的構造與功能而言，本能是人類與動物共有的大腦區域所產生，是物種與個體生存所亟需的高度複雜行為模式。為此，大自然賦予物種與個體某種經年不變的特性，並植入其神經系統中。避開危險、建立領

域、生殖繁衍、養育後代等活動都是本能。雖然這類基本情緒行為（即本能行為）的功能會受到焦慮或疾病影響而有所折損，然而其深植於基因、經年不變的特性卻導致人類不易貼近本身的情緒，而且難以自動自發地有所改變。本能行為有時候似乎過於根深柢固，即便到了生死關頭也無法放棄。

情緒通常是個人在早年生活中建立起來的模式，這些模式與目前的生活未必相關。舉例而言，若父親的教養方式是先提高嗓門之後責打子女，日後身旁一旦有人提高聲量，就會激發他／她生死攸關的極端強烈情緒。成年生活中既無暴虐、威嚇，如此反應自是不符情境，然而這個情緒模式卻已成為神經系統早年所編排的情緒劇碼之一。

正向情緒模式也是以同樣的方式設定於神經系統中。例如，松木的氣息、微笑的臉龐、香噴噴的烤火雞，這些都可能是愉悅的模式，並以上述相同的方式，從個人早年生活中取材，儲存於大腦。

與情緒稍有區別的是「感覺」（feelings），感覺就是已被覺察、意識到的情緒。無論感覺和情緒是否反映基本的生存本能，都會因為各種不同的情境和感受而受到激發。

情緒和感覺是不可或缺、令人嚮往和愉悅的，卻也導致大多數的關係困難。事實上，強烈的情緒和感覺會嚴重破壞關係，部分原因是許多深植於基因的情緒模式對關係有害無益。原因尚不清楚，但是關係具備一種本質，就是會在強烈感覺的影響下歪曲走樣。關

係能夠在不知不覺中將大多數人強烈的內在感覺誘發出來，然而誘發出來的這些強烈感覺也同時扮演著悄然改變關係的角色。

為人生中所有不同類別的感覺命名和給予明確界定並無必要。診斷與描述，可因毫釐之差導致以病理為焦點，最終反而本末倒置；病理診斷本身無濟於事。然而，若能以一般人常用的詞彙，針對現存於系統中的情緒張力或所謂的「焦慮」進行思考，便可將時間、精力轉而用於考量各種情緒管理方式。情緒張力或「焦慮」也好，憂鬱、憤怒、興奮過度也罷，此處重點不在於名稱是否準確。因為關係中的某些高點，也可能為人際連結能力帶來干擾，使彼此無法以最理想的方式與對方連結。

焦慮實屬人類生活處境的基本特性，根本無從逃離。焦慮本為良師，影響深遠，但期待人生無憂無慮的想法並不切實際。焦慮可能是急性的，一如危機中的短期焦慮；焦慮也可能是長期的，持續多年，甚至好幾個世代。

在觸礁的關係中，情緒於人際之間迴盪反射，與動物群體幾無二致；亢奮始於個別成員，繼而蔓延全體。如同以電路串連系統中的個別成員，並將情緒和感覺依次不斷傳遞下去。

情緒性反應猶如燙手山芋，在成員之間拋來拋去。當第一位焦慮的人成功地引起另一人感到焦慮，第一位成員的焦慮往往就能夠得到舒緩。此種人際現象導致問題永遠無解。引發情緒的問題始終未獲處理，任由情緒衍生並在系統中一再循環。在一個家庭或成員

相互關係堪稱重要的群體中，情緒依循某些模式在成員之間依次傳遞的這種傾向，也就是所謂核心家庭情緒歷程的傾向，有時簡稱為情緒歷程。

整體關係系統的分化程度越低，發生情緒傳遞的情況越頻繁。情緒成熟（高度分化）的個體似乎有能力吸收大量壓力，能夠身處於情緒高漲的其他個體之間，仍保持本身情緒不受激動，也不將情緒傳遞出去。這也說明高度分化的人能夠在情緒與思考之間，擁有更多的選擇。

情緒成熟度（或分化程度）較低的個體，處理自我情緒的方式則大異其趣。他們的人際關係非常容易因對方情緒而受到刺激，而大量的「自我交換」則是背後的重要原因之一。亦即，關係本身滿足了成員的情緒目的，提供情緒的刺激、動機、支持及每位成員身上所缺乏的素質。關係也提供了處理焦慮的管道；一位成員藉由其他成員來卸除自身的焦慮感便是其中一例。

然而，出借或借貸自我終將成為壓力之源。由於試圖從關係中找到自己，無異緣木求魚。如此白費氣力卻換來一定程度的焦慮；為了控制焦慮，成員開始採取各種不同姿態，也就是某些為人熟知的關係模式型態。

如包溫所述，為人熟知且定義明確的關係模式有五種：

○ 衝突
○ 疏離
○ 切割
○ 失功能配偶（亦稱為過度高功能與低功能的互惠關係）
○ 失功能子女（亦稱為三角關係）

這些模式形成之目的在於「解決」由關係焦慮所帶來的問題，但是情緒不成熟這個根源問題卻未獲得處理。產生於關係模式之中、導致成員企圖透過與另一成員結盟以便讓自己感到完整的始作俑者，正是這個情緒不成熟的問題，而情緒不成熟繼而介入關係之中，與日俱增，逐漸成為關係的重擔。

模式可因日積月累而強化，其原因在於，人遭逢不順遂，往往加倍原本的努力，而非設法改變歷程品質。以疏離為關係模式的夫妻，可能會加劇彼此疏離，直到藉由離婚來切割關係。

假設關係中兩位成員為改進其自我分化程度而各自努力，這份關係便會自然改善。就算只有其中一位努力提升本身的自我分化程度，長期下來，關係也會有所改善。這是由於對方的自我分化程度也會隨之提升的緣故。人不可能改變了自己這一半的關係問題，而不影響到關係基礎的改變。

接下來，我們要深入探討上述各項關係模式。

衝突

7

婚姻衝突的基本模式是雙方互不相讓,並且缺乏角色調適能力……關係從極度緊密階段,到發生衝突階段(並因此在情緒上拉開距離),再到和好,並且以極度緊密重新開啟下一個循環。

—————莫瑞・包溫,1976 年

與關係衝突的伴侶對話,通常和以下這段林家夫婦的對話十分相像:

治療師:我們上次會談之後,發生過哪些事情?

林太太:我們度假去了。只是根本不像度假。

治療師:可以多說一點嗎?

林太太:就是我們一直吵架、鬥嘴、爭論,向來如此。現在我

開始覺得以後也永遠會是這樣。

治療師：可能是什麼引起這次的問題呢？

林太太：不管我說什麼、做什麼，他都要批評，好像我沒有一樣做得對。我這輩子做什麼，他好像都沒有滿意過。坦白說，做這麼多，我真的累了。我看他根本就是一個打從骨子裡不懂得什麼是快樂的人，而且本性難移啦！我們這次度假，我建議到哪裡玩、去哪裡吃東西，他沒有一樣不吹毛求疵，最後還挑我毛病，說我有問題欸！我覺得我們根本就沒有共通點。我看人家的婚姻，就沒有哪對夫妻比我們更糟糕的。如果不是那一大堆原因，我們早就離婚了啦！

治療師：林先生，你太太剛剛說話的時候，你心裡在想什麼？

林先生：她說得沒錯，這次度假問題很多。她覺得我們的情況很沒指望，我倒不這麼認為。不過，我們真的都在吵架。

治療師：想得出來是什麼引起你們最近的痛苦嗎？

林先生：她情緒起伏太大，我應付不來。她高興的時候樂翻天，不高興的時候大悲大怒。我不知道怎麼處理她的心情。我怎麼努力都沒辦法接近她，感覺她就是拒人於千里之外。她說我打從骨子裡不懂得什麼是快樂，我覺得她才是，到後來我都不想跟她一起行動了。度

假第五天晚上，我們大吵一架，大概是這輩子吵得最兇的一次吧。吵完以後，整個假期就毀了，接下來的那些都只能算是家常小吵。一開始她排行程，每天都要從早上起床一睜開眼睛一直排到晚上最後一分鐘！後來她不排了，不排了以後就威脅我，說她不管我了，要自己先搭飛機回家。我都不懂我自己幹嘛還跟她繼續待在那裡。

治療師：林先生，你認為在你自己這部分，有沒有做過什麼，讓這些事情一再發生？

林先生：醫生，我真的不覺得那是我的問題。我認為我就是跟這樣一個自己不快樂又讓人不舒服，而且問題根深柢固的人綁在一起。我覺得她才需要幫助。老實說，我不覺得我們吵架是因為我做了什麼。我在辦公室人緣好得很，跟孩子還有我老家的人相處都沒有問題。她是我唯一沒辦法相處的人。我買東西給她、我改變自己，反正我每做一樣，她就抱怨一次，要不然就是挖苦、哀怨、牢騷滿腹。

治療師：有句話是這麼說的，「一個巴掌拍不響」，你覺得呢？

林先生：我知道你會這樣想，可是我已經改很多了。我真的很好相處，可是瓊安從頭到尾拒絕改變。我真的做到不

想做了。

治療師：林太太，妳聽了妳丈夫跟我的對話，有什麼想法？

林太太：向來都這樣啊。我看了很多書，也改變很多，可是他
　　　　就只會批評我、貶低我。我不懂他為什麼會看不見他
　　　　是怎麼對待我的。我看他大概就是不在乎吧。

　　這對夫妻互有衝突時，便被鎖定在一種典型的情緒化關係模式
中：互相推諉。對立的雙方遵循了一條戲劇化的路線，註定一再針
鋒相對，並陷入一場謾罵、指控和競爭逐步升高的戰爭。關係中的
痛苦猶如泉湧而出的水井，四溢漫流，經常汙染並肆虐著雙方的身
心環境。關係衝突的伴侶常刻意迴避外人，擔心讓人看笑話。但說
也奇怪，穿插於衝突劇情之間的，往往是兩人享受令人快意的親密
時光。

　　當衝突上升到最高點的時候，他們的關係可能會出現肢體暴力
事件，使生活充滿了心痛和孤單。從外人的眼光來看，或許會因為
他們的問題長期如此，而斷定他們對這其中種種狀態樂此不疲；實
則大謬不然。他們清楚知道自己有多麼痛苦。在所有關係模式中，
向外求助最多的就是衝突模式，因為實在太痛苦了。

　　衝突關係可圖示如下：

圖 5

　　雖然人在衝突關係中都傾向於互相責怪，但是雙方可能對衝突都不陌生。他們或許是在衝突中長大的。有時候關係衝突的伴侶未必成長於衝突的環境，但是成長環境中的關係模式必然同樣艱難。然而，衝突（或其他任何模式）不一定透過習得而來，某些特定情境也會自然觸動這些模式。珍・古德從她所觀察的黑猩猩中發現，衝突和暴力隨著人類開發與黑猩猩領地的縮小而大幅增加。據此推測，在這些情況下，動物的焦慮會升高。

　　正如其他關係模式，衝突只是處理關係焦慮的其中一種方式罷了。有時候焦慮並不是從關係中衍生出來的，而任何型態的焦慮都可以引發衝突。問起爭吵起因，往往其中一方會這麼說：「我覺得我那個時候就是很想吵架。那個感覺上來了啊，然後就好像非吵不可。」焦慮升高，則衝突加劇，任何關係模式均是如此。

　　人在衝突中容易展現以下特徵：

○ 高度焦慮時，變得吹毛求疵

○ 越發為本身所感受到的問題尋找責難對象
○ 將自身的問題投射到他人身上
○ 焦點指向他人，看不清自己
○ 陷入爭執，而非轉移話題、放鬆自在、做點有用的事情
○ 口出惡言或動手傷人

　　要如何才有可能改變衝突模式？通常大家會說，只要把情緒宣洩出來，衝突便會冰消瓦解。不幸的是，有不少接受這番建議的人都發現，越努力想要宣洩感受，衝突就變得越嚴重。他們同時還發現，這種感覺宣洩不過是場獨角戲，對方連聽都不想聽。

　　另外有人建議，面臨衝突的伴侶要學習公平爭執，有時候還會逐條提供如何公平爭執的規則。然而，公平爭執一經描述，聽起來便如同理性對話，根本不像吵架。可惜，陷入衝突關係中的伴侶就算逐條提供公平爭執規則，也仍然完全沒有能力脫離當時的情緒狀態，拿出任何一點點理性來對待對方。

　　客觀觀察林家夫婦時，只需稍稍加以反思，任何人都能迅速得到同樣的結論：如果雙方停止將焦點對準對方，開始注意**自己**，以及**自己**對這個問題的影響，問題解決的第一步其實就在眼前了。治療師觀察發生衝突的雙方，往往會冒出一個念頭：「只要其中有誰可以先冷靜下來就好了。」而事實也的確如此。如果衝突中的任何一方能夠學會在對方焦慮時保持冷靜、充分思考，就不會有任何衝

突了。爭執，真的是一個巴掌拍不響的事情。

　　只是，面對對方充滿焦慮、想要吵架，如何才能保持冷靜與充分思考？當情緒襲來，依照原則便有出路可循。

　　在林家夫婦的案例中，若林先生有能力在心理上從衝突中退開一步、安靜觀察一會兒，等到他的情緒性反應冷靜到可以看見自己在爭執當中所扮演的角色的時候，他就能夠停止指控對方、傾聽妻子說話，並且用較為理性的方式表達自己。

　　「系統思考」讓林先生回憶起父母親充滿衝突的婚姻。他屢屢發誓結婚以後絕不重蹈覆轍，然而他的婚姻卻在許多方面與父母彼此對應的姿態雷同。系統思考使他看見長期下來，原生家庭的情緒模式如何變成他自己的情緒系統，並深深成為他這個人的一部分。有些人會利用系統思考這個較為廣角的觀點，歸咎於成長背景。林先生卻運用這個觀點看出，縱然衝突是自己慣有的情緒模式，但面對焦慮的時候，仍然有其他選項。

　　林先生還可運用系統思考擴展視野，採取更寬廣的角度來面對他眼前的情況。例如，在接下來那次度假中，每逢小問題快要爆發成衝突的時候，林先生就能夠用系統觀點來看待這些問題，他把自己的念頭從關係所引發的焦慮中挪開，接著把自己放在度假的情境中，並牢記自己身邊的人際系統——職場系統、家庭、社區環境，結果他開始能夠享受美麗的風景。他把陪伴太太這件事情放在系統脈絡中來看，於是遇到的每件事情都變成了探險，也讓這次度假的

主角林先生和林太太，體驗了如同電影場景一般的美好時光。

林先生想到了自我分化量尺——每個人的適應能力範圍是不同的。這個原則提醒他：在感覺和想法之間，他是有選擇的。他在關係中有可能失去自我，而他的某些回應方式可能不如自己預期得成熟、沒有那麼深思熟慮，反應也比自己想要的來得情緒化。所以他開始在腦海中勾勒出自我分化量尺之中，分化程度較高、多加思索之後的反應可能是什麼樣貌。

他可以看見自己過去一直重複著不成熟的舊有行為模式。面對焦慮感，他通常會尋找責怪對象。有時候在爭執中，一些議題可以讓他冷靜下來，而且他通常是吵贏的一方，不知何故，獲勝使他的自尊得到了某種支撐。提升自我分化意謂找到看待自己和安撫本身焦慮的新方法。太太挑起衝突時，他的反擊是一種不假思索的反應。將自己從夫妻共創的家庭系統中分化出來，這表示林先生必須找到保持冷靜的方法，在太太生氣的時候，還可以繼續傾聽和對話。自我分化與提升自我情緒功能，兩者徹頭徹尾相關，卻與改變他人毫無關聯，因此林先生必須學習專注在自己身上，還要學習停止批評、責難和挑戰別人，而且唯一要努力的就是提升自我情緒管理。

改變衝突關係使之順暢運作的任務看似難如登天，有時候其中一方或雙方均長年參與或暴露於衝突的關係中。由於模式頑強難移，包溫嘗試了一種很激進的方式。他要求大家把自己的模式帶回

原生家庭系統，也就是模式最初形成的地方。這方面的努力能為自我分化帶來的改善，通常更甚於在目前關係系統中工作的成果。但是要獲得成效，不在於試圖改變家人，而在於留意自己的反應，以及自己與大家族系統成員之間產生關聯的方式。

林先生改變自己在原生家庭中情緒模式的方法，是增加拜訪原生家庭的頻率。他打電話和寫信回家的次數也更頻繁。起初，當父母開始爭執的時候，他會有不假思索的情緒化反應，而在得到了一些觀察自己內在反應模式的技巧之後，他有了觀察父母的激烈行為而不參與其中的能力。後來，無論父母是否吵架，他都有能力冷靜思考再跟父母說話。這樣的努力持續了很多年，其中需要很多思考，也需要下功夫。然而日積月累下來，當林先生學會在父母身邊還能管理自己的情緒之後，他所有的人際關係都改變了。他不再責怪他人。他的脾氣一直是個問題，現在卻小多了。他和妻子的關係變得比較冷靜、更多體諒，樂趣也更多了。

當爭執或吵架正在醞釀的時候，該怎麼辦？除了慣用模式中常說的話、常做的事之外，還可以做些什麼？單單觀察這個歷程本身就可以讓人冷靜下來。想要為關係模式中自己可以作主的那一部分帶來明顯的改變，冷靜、思考、留心觀察往往能夠告訴我們有哪些事情是必要的。

降低一個人對於他人情緒的反射性反應，這樣的目標往往讓人以為是要我們疏遠他人。**殊不知疏離本身其實是一種情緒性反應模**

式。一個人離開現場或停止對話，也是一種強烈的情緒。我們的目標不是在情緒高漲時做出反應，而是與對方持續保持冷靜溝通。這樣的目標不容易達成，但僅僅是銘記在心，就能發生作用。

8

夫妻處理情緒融合的症狀有很多樣貌，最常見的機制就是彼此
疏離。每對夫妻多少都有某種程度上的情緒疏離，而有一定比
例的夫妻情緒疏離的程度相當高。

————莫瑞·包溫，1976 年

　　陳家也同樣出門度假了。他們去了巴哈馬，參加一場專業會
議。陳太太仰臥沙灘，凝望著波光粼粼的海浪，陷入沉思之中。她
和丈夫日子過得不錯，無須掛慮財務問題。陳先生的事務所經營得
當，再過兩、三年就要退休了。養兒育女是陳太太的主要任務，陳
先生在這方面不太過問，孩子們年幼的時候尤其如此。為了工作，
他必須經常出差。有時候陳太太會想，如果他能多些時間參與孩子
們的成長就好了。好像每次他一出遠門，家裡就會發生大事。不過
她學會了處理各式各樣的危機，而且也頗以此能力感到自豪，只是

現在孩子都長大了，也都各自有成。

陳家的婚姻關係在朋友圈中一枝獨秀，經歷過子女青春期依然妥善維繫。這個念頭是陳太太對於夫妻關係感到焦慮時的一點鼓勵。可是有時候她發現自己不太確定先生退休以後整天待在家裡，兩人大眼瞪小眼的日子要怎麼過、要跟對方聊什麼話題？這麼多年下來，他經常不在家。她懷疑兩人是否仍然了解對方，一旦相處多了，會不會彼此厭倦？

她的思緒突然被陳先生一陣猛甩水珠的舉動打斷。他剛剛結束海泳上岸，弄得她一身冰涼。夫妻倆大笑起來，隨意閒聊了一會兒，就一起去海灘酒吧喝東西。

之後，他小睡片刻，她獨自漫步海灘，並且再度想到兩人的關係。她害怕他退休、害怕有他在身邊的日子，這個想法揮之不去，而且越往這個方向想，她的愧疚感就越嚴重。

傍晚，他們吃龍蝦、隨著島上的現場音樂演奏翩翩起舞、與初相識的幾對夫妻閒話家常。陳太太好像怎麼也找不到合適時機，來討論她擔心的事情。這些事情太負面了，她顧慮說出來會破壞氣氛。接著，一位搞笑演員照例上台說了一對男女在沙灘上翻雲覆雨的重口味笑話。最後他倆散步回到下榻的小屋歡愛一番。日子看似十分美滿，不過陳太太並未立即入睡，瞪著天花板不確定為何他們夫妻倆從來沒有討論過任何要緊的事情，一如既往，她帶著忡忡憂心進入了夢鄉。

次日，她開始細想生活中他倆從未有過交集的部分。剛結婚那幾年，陳先生經常出差，留下她一人在家帶孩子。他負責賺錢養家、管理財務，她不清楚家裡的財務狀況，就算有朝一日她得搞清楚，也不知道如何理財。她曾經有一次試著跟他討論這方面的問題，他只是淡淡地說：「不用擔心。」

　　他是害怕面對自己終究一死，還是單純不樂意跟她討論財務這個主題？為什麼話題總是難以超越膚淺的表面、無法更加深入？她設想了許多引導他開口提問的方式，好讓自己有機會表達困惑和疑慮。如果她再積極一些、多討好一點、更堅持一會兒，也許他就肯聽一聽吧？還是說，如果她表現得更在意他一些，他就願意跟她有多一些交流？

　　他們回家以後，她一一嘗試了這些方法，但沒有一樣管用。她越積極，他越是表現得蠻不在乎。

　　她越想知道答案，他越是不常在家，不是打高爾夫球、跟朋友玩牌，就是外地出差。他們沒談上什麼要緊的話題。疏離，是一種模式——是他們之間一種不言自明、不成文的生活規則。

　　我們不太容易想像什麼是疏離的姿態。其部分原因在於大家經常將疏離與「給對方空間」，或者與「釋放連結性的張力」混為一談。人們若能辨識出關係中的自我融合，通常會選擇拉開距離，並且說這是種個體性。間歇性的疏離或最起碼的獨處具有調節關係的作用，即使是最為幸福的關係，亦不可或缺。這樣說可能會讓你有

點混淆：在所有其他類型的關係姿態之中，都可能出現情感疏離現象。情感疏離可說是最基本的關係問題，而其他關係姿態不過是這種最根本的疏離姿態之延伸。

然而，上述婚姻故事在臨床中屢見不鮮的程度，卻又足以證明疏離與其他模式截然不同。疏離關係中空無意義的冷漠，與衝突關係中的強烈彼此牽連，兩者對比鮮明。疏離關係模式因過於常見，大家往往不把它當成問題，雖然當事人不時體驗到強烈的內心痛苦，卻傾向於否認痛苦，將疏離狀態視為理所當然。

疏離有幾種形式，因此也有數種不同圖示方式。首先，可能是其中一方用保持距離來回應對方追求親密的行動。A 追得越緊，B 越拉開距離，如此卻引起 A 加強追求，而 B 更加拉大距離的一種循環。

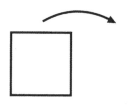 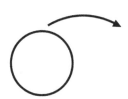

圖 6A 「追－逃」的疏離模式

或者雙方均明顯保持情感疏離。

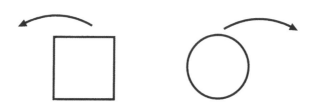

圖 6B　疏離模式──顯示雙方均明顯保持疏離

疏離的另一種圖示強調雙方因情緒緊繃而導致疏離，以多道橫線代表情緒緊繃，並以線段之間的切割代表運用疏離形成情緒切割。

圖 6C　疏離模式──雙方因情緒緊繃而保持疏離

雖然我們可以將其中一人視為「疏離方」，但正如所有關係模式一般，雙方各有影響力。「一追一逃」的關係模式中，追求的一方與遁逃的一方，其影響力並無二致。追求的一方可能對於「疏離方」多有激烈而冗長的抱怨，但這樣的舉動卻為關係帶來影響，致使關係維持在疏離的模式中。遁逃可能是回應追求的一種方式，因此，只要追求的一方停止或冷靜下來，此類案例中的疏離狀態便可

獲得解除。

　　疏離關係模式會引發其他問題。疏離者的伴侶可能變得十分善妒，認定對方在外偷腥。若疏離者全心投入工作，其工作情況極可能導致伴侶醋勁大發，並視為關係之阻礙。

　　疏離的一方經常藉由過度工作、物質濫用或必須出差工作來逃避關係。（不過，因公出差的人，其關係模式未必是疏離關係。）到最後，疏離會以幾種形式呈現：情緒切割、離婚或自殺。

　　疏離的徵兆：

○ 有情緒化的反應時，彼此不溝通的時間超乎尋常
○ 工作狂
○ 濫用藥物或酒精
○ 花大量時間在自己的興趣上
○ 焦慮升高時，會容易保持沉默
○ 絕口不談與個人有關的重要事情
○ 缺乏與直系親屬或原生家庭中的某些人產生連結的能力

　　關係疏離的當事人通常認為自己扮演著改善關係的角色，為關係提供呼吸的空間。也有人會利用關係疏離欲擒故縱，企圖拉近對方。有時候疏離是為了從觸礁的關係中退開足夠的距離，以便再度掌握本身情緒的一種方法。疏離關係中的雙方可能都不信任自己有

能力在緊張尚未緩和之前，便要與對方有所連結。疏離的一方在面對本身緊繃情緒或防範可能發生衝突的時候，往往依循原生家庭的經驗，做出不合時宜的反應。疏離使人得以從情緒緊繃中間歇獲得緩解，似乎是使關係變得可以容忍的一種最常見而自然不過的手段。

然而很可惜的是，試圖運用疏離來改善關係或自我處境，往往鮮有成效。表面上雙方彼此疏離，內心卻密切關注對方和這份關係。疏離能夠讓情緒暫時獲得冷靜，但是長此以往，反倒使情緒更加沸騰。

一如衝突關係模式，置身疏離關係模式中的人，往往發現原生家庭之中許多關係也是疏離的。他們的手足關係向來缺乏深度和意義。有些人則是在父母彼此疏離的環境中長大。相同關係模式在家族諸多世代中重現則屢見不鮮。

那麼要如何開始以全盤角度看待疏離關係模式呢？如果可以向後退開一些距離，花時間長期觀察這段關係，通常會理解出很多事情：當初的焦慮如何發展成現有的模式？現有模式對於處理焦慮的成效如何？現有模式為關係製造出多少焦慮？陳太太採取客觀角度之後便理解到，她婚姻中的長期疏離模式所撫平的焦慮遠不及其所製造的焦慮來得多。她不明白這個模式是怎麼開始的，只知道多年來疏離的婚姻模式對自己似乎並未構成困擾，比起她父母的衝突模式，疏離似乎要好得多了。

然而，她逐漸想要在關係中開啟具有意義的連結。她發現，當

她優先以重要議題來建立連結時，關係模式就改變了。陳太太在格外焦慮的當口，採取了一般人鼓吹的方式來管理情緒：也就是帶著緊繃的情緒與配偶溝通。她越是傾訴感受，丈夫便越加疏遠。隨著陳家夫婦關係模式歷程的逐漸清晰，陳太太更能夠看見自己為這份關係所帶來的影響，而她也開始看出別人，尤其是陳先生對於她激烈的自我表達方式是如何回應的。於是，她了解到要靠近丈夫，可能還有其他的方式。

陳太太的課題才剛剛開始。任何新行為納入可茲運用的情緒腳本之前，都需要大量練習。一旦成功納入，就表示一個人已經成功提升了自我分化程度。

客觀看待自己的各種關係模式，必定涉及系統思考，也需要盡力理解其中各個系統，包括追問好些不容易回答的問題：「我是如何疏遠我的家族（extended family）？」、「我的家庭成員是如何彼此拉開情感距離的？」、「我的原生家庭有多少種疏離關係？」、「我用什麼方式與同事保持距離？」、「跟朋友呢？」還有，「我是用什麼方式把他們推開的？」最後這個問題就更妙了：「導致關係疏離，或使關係疏離有其必要的焦慮根源是什麼？」

隨著更認識緊繃的情緒性反應及反應模式，保持疏離的需求會逐漸淡化。一如所有關係模式，只要透過家庭系統原則的觀點，便可將自己在歷程中所扮演的角色看得客觀又清晰。

若要用疏離來解決個體性與連結性的問題，是否有什麼方式可

以降低而非激發情緒？陳家夫婦發現，逃避彼此之間有意義的交流，無論對於兩人關係或彼此的個體性都具有殺傷力。當他們開始嘗試保持定期交流，發現即使交流時間短暫，跟以前運用疏離模式來逃避關係的時候相比，自己處理個人生命議題的自由度提升了。

若關係受困於緊繃的感受，卻以表面功夫、沉默、逃避做為外在掩飾，那麼就有必要碰觸疏離模式底層的情緒緊繃。如果一個人不能從製造情緒緊繃的連結性中分化出來到達某個程度，那麼通常為了有利於改變，接下來多半會嘗試另一種關係姿態。然而，某種關係模式並非另一種關係模式的解套方法；過度緊密的關係自然也不是。相反地，過度緊密是情緒融合關係模式的其中一種樣貌，並且最終可能發展成為疏離模式。當人們能夠冷靜下來，依照深思熟慮的原則來界定自己，這便是模式解套之路。

當陳太太了解到她婚姻中的疏離，其實是她的情緒緊繃所引發出來的反應，也就明白了換一種自我調節方式的重要性。隨著她在關係中宣洩感受的情況逐漸減少，陳太太發現丈夫不再對她敬而遠之。關係距離縮短，使她感到平靜，而得以發展不同於以往、較有建設性的互動關係。

她的改變並非透過觸及深層情緒根源而來，這跟她想的不一樣，直到她開始長期認真觀察，並且努力改變自己在原生家庭中的各種反應才有了變化。她小的時候，父母經常衝突。每當爭執即將爆發，她就用棉被蒙住腦袋或躲進衣櫥。青少年時期，父母離婚

後，她和三個妹妹就很少見過父親。她用豐富的幻想，在心目中打造了一個完全不同的家，並自認要好好相處一點也不難。於是成年之後，她以避免衝突為唯一指導原則，卻發現自己和丈夫只會互相閃避，重要議題談都沒談過。

陳太太開始在自己身上下功夫，用心為自己與丈夫、與母親之間的關係分別注入意義。過往她和母親的關係也很表面，她見過幾個妹妹跟母親衝突，害怕類似情況會發生在自己身上。現在，她可以在不追究責任、不試圖改變任何人的前提下，鼓起勇氣探問家裡曾經發生過的事件，以及母親在這些事件中的角色。有些問題很不討喜，好比說：外祖父母之間的關係如何、父母之間的關係如何、父系家族的情況。可想而知，她這番嘗試立時挑起衝突。陳太太早有心理準備，以冷靜的態度、深思熟慮的回應來面對母親的反應，而且對於母親在她所處情緒系統中的位置有了更多認識，她與母親的應對就更加容易。

後來，她甚至聯絡上多年未見的父親，投入更多心思聯繫父親與父系家族。原生家庭中另外 50% 的問題隨著她的投入而逐漸清晰。她努力參與整個家族的情緒場域，持續多年之後，她身處其中卻能夠更自如地活在此時此刻、活出更負責的自我；而她在自己的核心家庭中，緊繃情緒也因而降低，這些都使得她在情緒性反應方面擁有更多樣的選擇；而她全盤考量所有情緒觸發事件的能力與日俱增，也使得她無法繼續閃躲和逃避真正的議題。說得簡單一些，

她活得越來越像真正的自己了。

　　對許多人而言，單純、冷靜、一對一的人際接觸太過抽象且不易掌握。在情緒疏離了大半輩子之後，才要學習如何進行有意義的人際接觸，這個課題並不容易。置身於疏離關係中的人們，每天抽出幾分鐘與伴侶或其他人進行接觸，有時候是很有助益的。除了向對方揭露自己的想法，同時也要留意對方語言和非語言的表達。大多數疏離者在學習有意義的人際接觸初期，就算接觸時間短暫，也幾乎無法容忍，但是假以時日，他們往往發現在開放的心態中，對於有意義交流的情緒性反應不再像以前那麼強烈。

　　進行接觸是什麼意思？這可不容易界定，然而是否產生人際接觸，當事人心知肚明。動物在這方面十分在行，這可以從生態學家論及黑猩猩彼此張開手掌、互相梳理、性接觸等五花八門的研究報告得知。有時候看起來反倒是人類遺忘了這門藝術。人類進行接觸的可能方式範圍極廣，從持續幾個小時的主題對話，到偷偷拉一下女生的馬尾，都算得上一種接觸。無論如何，只要固定發出微小的舉動，與他人進行接觸，就可以使疏離的關係回到正軌。

情緒切割

9

情緒切割的主要特徵是否認與父母之間尚未解決的強烈情緒依附，在行為或心理上佯裝出相較於真實的自己更為獨立的樣貌，並藉由內在機轉或物理距離來保持情緒疏離。

————莫瑞·包溫，1974 年

　　游太太已服用抗鬱劑多年，她的家庭醫師拒絕在沒有精神科醫師建議的前提下繼續為她開藥，於是她轉向精神科求助。精神科醫師問起她的家庭關係時，發現游太太跟已經成家立業的兒子一家往來密切。實況是，她全心奉獻，照扶支援無微不至，帶孫子、燒飯、打掃，待在那個家的時間相當多。她的婚姻四平八穩，只不過有點疏遠。她的原生家庭成員大多數已經過世，雖然還有一個姊姊住在遙遠的城市，但也多年未見。她曾經提起一段傷心往事：很久以前，這個姊姊突然結婚、遠離家鄉，之前未留隻字片語，之後更

是杳無音訊。

這份傷心顯然成了多年來游太太主動聯絡姊姊的阻礙。治療初期，她完全沒有意願跟姊姊聯絡。精神科醫師懷疑她的憂鬱症狀或許與原生家庭成員情緒切割有關，於是游太太對於「主動聯絡姊姊，修復切割的關係，或可改善自己的憂鬱症狀」的想法，逐漸產生興趣。

游太太鼓起勇氣，寄給姊姊一張友善的明信片，附上寥寥數行文字。過了兩、三天，她收到一封溫暖洋溢的長信。姊妹兩人於是持續書信往返，隨後還通過幾次電話，最後計畫重聚。重逢之後，游太太因為感覺抗鬱藥物太強，必須一再調降處方劑量。不出三星期，她便完全停藥。隨著她在原生家庭情緒切割方面所做的修復努力，她的憂鬱症狀逐步減輕，不再需要抗鬱藥物了，游太太簡直喜出望外，因為之前曾有多位精神科醫師告訴游太太，她這輩子離不開抗鬱劑。

關係疏離的姿態發展到極致，就是情緒切割，它是一種毫無功能的關係。切割往往年代久遠，所有相關成員早已遺忘當初引發切割的原因。美國因大量移民定居，有時候被稱為切割的國度。暫且不論文化影響，情緒切割在美國家庭當中普遍到難以辨識，甚至還被視為可取的理想狀態。彷彿「美式成長」就該「告別老家、永不復返」，最起碼在情感上得要脫離才行。人一旦脫離家庭，與原生家庭之間有意義的關係便戛然而止，只剩下寥寥可數的「義務性」

探望，或因各種節日而有的「儀式性」造訪。

人們可能會錯將情緒切割的最終導火線視為切割的原因，錢財問題可能是其中之一。若雙方各自堅持立場，有時候離婚之時便是關係切割之時。宗教差異可能在強烈情緒中突顯出來，最終以切割收場。在情緒切割的雙方眼中，這些導火線擺明了正是導致切割的罪魁禍首。

說穿了，情緒切割是一種為了適應系統中長期或急性的強烈焦慮而發展出來的手段。若在素來涉及多項切割關係的人身上探究他的家庭系統，我們通常會發現，切割關係的事件不只發生過一次。事實上最常見的情況是，家族中的多個世代對於強烈情緒會有如出一轍的回應模式，情緒切割只不過是家族長期情緒歷程的一個終點罷了。

相較於檢驗結果，檢視過程會更有益處。未分化狀態導致雙方自我的融合，自我的融合製造焦慮，而焦慮則因特定議題的出現而一觸即發。然而，由於情緒緊繃讓所有人無法清晰思考，每個人都用情緒化的行動來回應，於是情緒切割如同膝跳反射一般，成了家族性的自動反應模式。未分化狀態再次向下一代推進，並且在其中運行。

錢財、離婚、宗教，都可能是爭論的議題，然而家庭成員之間未能分化才是真正問題所在。較為成熟而明曉事理的群體，絕對不會用情緒切割的方式來處理這些議題，不幸的是，會切斷關係的人

並不清楚這麼做需要付出代價，而且代價極為高昂。

　　切割可暫時減緩情緒或症狀，然而長此以往必然使得情緒與症狀更加嚴重。這就說明了為何情緒切割的相關成員，會在切斷關係之後立刻享受到異於平日的短暫清靜（甚至幸福時光），卻又隨即經驗到強烈的憂鬱和焦慮。他們發現自己缺少處理人生問題的能力——漫無目標、苦於上癮問題、捲入法律糾紛，或者總是與成功失之交臂。切割之後的短暫幸福誤導人的思路，讓人無從看見情緒切割與日後漸增的情緒症狀之間有何關聯。

　　情緒切割與不良的人際關係脫不了干係，意思是說，人若與原生家庭切斷關係，那麼在職場、友誼、甚至愛情的關係領域中，都不如仍與原生家庭保持關係的人來得順利。原因是，情緒切割的人，情緒系統範圍通常較為狹窄，而所擁有的關係情緒較為緊繃。情緒切割模式如同癌症，會擴散到生活的所有領域。

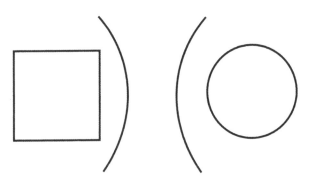

圖 7　情緒切割

設想有這麼一齣通俗歌劇：男主角遇見了女主角，立刻一見鍾情、陷入愛河。舞台上，兩人唱作俱佳，戲劇化地演示著滿腔熾熱的情感。不料，這份熱情急轉直下，另一種情感驟然出現。熊熊熱情與愛戀化作狂烈燃燒的宿怨。兩人互相謾罵、猛然分開；繼而形單影隻、各奔西東。多年塵世浮沉，這兩人從未停止思念對方。睡夢和幻想中，全是對方的身影：「若能重來一次，這一生就圓滿了。」

就這麼湊巧，這一天，他們重逢了。他們狂喜相擁，愛戀再度化作詞曲戲劇。然而，下一幕，這兩人開始質疑：「這段日子妳都在哪兒？」、「為什麼你沒有早點找到我？」於是，兩人開始爭論。要不了幾分鐘，強烈的狂喜變調成激烈的焦慮、憤怒、痛苦。接下來，我們就很容易理解，這段情緒歷程是如何從一開始便走上「切割」一途了。

當彼此吸引的緊繃情緒急轉直下，負面情緒便如同互斥的磁力一般，將兩人推開。於是這兩人之中有人納悶了：強烈的正向情感階段本身是否含有某種因素，促發了負面階段的產生？若男、女主角當初沒有讓感情一下子發展得這麼轟轟烈烈，這段關係是否會發展得更好一些？

游太太原本對於自己的延伸家庭了解極為有限，後來開始探索其中情緒切割的現象。她發現這個現象在家族中普遍存在，甚至還有一整個家族分支是她從來不知道的。當她越了解家族中的情緒歷

程，就越能夠理解自己切斷關係的傾向從何而來。她在生活和家族中所容納的成員越多，她本身和婚姻中所需要處理的緊繃情緒就越少。

切割出現的時候，可以做什麼來改變這個模式？首先，必須先辨識出這個模式。通常一個切割的人習於某種固定而程度最為輕微的切割方式。疏離的各式伎倆一天可能重複多次，開始熟悉自己的模式之後，就有能力辨識出潛藏於行為模式底層的焦慮。

將治療重點放在特定焦慮本身，相較於試圖改變疏離或切割模式或許會更有成效；模式只不過是焦慮所呈現出來的症狀。與促發事件程度相比，我們的焦慮強度之高，往往不成比例，而這些焦慮多半可藉由思考揣摩與擴展觀點而緩和下來。因此，鍛鍊身體、生理回饋訓練、放鬆訓練、運動競賽、娛樂活動、學習有興趣的事物，都是重新獲得洞察力非常有用的方法。如果雙方慣於將自己的各種情緒性反應帶入關係中，任何關係都會變得不堪負荷。

正如其他關係模式，類似提問可能有所助益：「我在這個切割當中扮演什麼角色？」更好的問法是：「就我這個部分而言，我做了什麼，導致強烈情緒的作用而使得情緒切割無可避免？」以及「我可以做什麼使關係恢復連結？」、「未來我可以在哪方面努力，降低我的情緒強度，避免情緒切割？」

在自組的核心家庭或原生家庭中，努力恢復情緒切割的關係，獲益最大的當然是自己。此類關係中，除非有人願意承擔起自己這

部分的責任，並且在其中開始採取相對應的行動，否則終其一生都可能無法改變情緒切割的狀態。

10

過度高功能與低功能的互惠關係

過度高功能與低功能的互惠關係是配偶之中採取順應姿態的一方，吸收大量未分化情緒的結果。順應方的假自我併入支配方的假自我之中，而支配方在此雙人關係承擔了越來越多責任。

————莫瑞·包溫，1976 年

阮先生和阮太太從不出門度假。他們出不了門，因為阮太太身心健康狀態變幻莫測。她提不起勁做任何事，只想待在家。她終日**鬱鬱寡歡**，但醫生查不出她這些症狀的起因。她要麼就是身上有病痛，不然就是心中憂悶。雖然有時候她會跟阮先生一起探望已經成年的子女，但是她向來不喜歡出門，而且總是慶幸「又可以回家了」。

阮太太非常擔心，若有朝一日丈夫離她而去，該如何是好。她認為這事很有可能發生，因為自知不好相處。她不斷批評自己：

「我知道我該做什麼。大家都告訴我要投入生活、參與活動、找份工作。我應該運動、節食、減重，可是我什麼都沒做。我做不來、完全沒有動力。醫生，請你幫幫我，告訴我要做什麼！」

阮先生事業有成。如果有必要，他可以隨時離開辦公室，多虧了這點好處，因為阮太太需要他大量時間在家陪伴。阮先生回顧過往相處，疑惑到底哪兒出了問題。結婚頭幾年，他忙著為事業扎根，而她負責拉拔兩個孩子長大。那個階段，她的情況相當不錯，輕微憂鬱症只會偶爾發作，而且只需依賴家醫科的處方便能輕易消除症狀。

他們現在擁有更多時間、財富，想要什麼、想做什麼，都有能力隨心所欲。唯獨阮太太體弱多病，無法享受生活。阮先生窮盡心思設法幫助她。

他建議：「妳應該培養興趣。看看我，擔任了多少個組織的理事！而且我交遊廣闊、參與各種活動，還熱愛工作、喜歡旅遊。我們現在其實可以多出去走走。我有好多地方想去、有好多人想要拜訪。我希望我們一起做這些事情。」

他一肩挑起家庭和婚姻關係中絕大部分責任。只要不出外用餐，他幾乎餐餐親自下廚。他週末清洗衣物，把家裡整理得井井有條。他伺候得越好，她就病得越重。最令人費解的是，她從未採納他的建議。他向來因為積極生活、主動助人而無往不利，很確定只要她願意嘗試，必有相同成果。只是她好像一點兒也不願意為自己

努力——難道，她真的病到無力嘗試的地步了？

　　阮太太對於丈夫所說的毫無異議，可是她就是沒辦法提起勁來嘗試他的建議。為了討他歡心，她曾經試過，結果把自己搞得比平時還慘。她多半時間都在擔心萬一他出了什麼事，自己會變成什麼樣子。她心目中理想的阮太太不是她現在這個樣子。那麼，萬一他離她而去，她該怎麼辦？他對她和她所有的抱怨變得不耐煩的時候，她的確擔心他會拂袖離去。儘管如此，年復一年磨人的日子過去了，一切依然如故。

　　阮先生和阮太太創造了一種過度高功能與低功能的互惠關係。在這樣的關係中，一方是幸福快樂的人生勝利組，與對方的絕望和失功能形成鮮明對比。其中一方「說」、一方「聽」；一方說教、一方聽訓。這類伴侶通常一致認為兩人之中有一方狀態良好，而「問題」完全出於功能失調的一方。

　　此類處理關係融合，或是在關係中交換自我的方式，一般稱為「失功能的伴侶」姿態；因單方一味服從、順應，致使關係出現症狀。過度高功能／低功能關係中的雙方，對於這份關係如何造成功能不足一方的依賴和患病會有不同程度的理解。或許其中一方能看出疾病源自關係，不過可能不知道如何破解這種長期模式。上述案例中，雖然過度高功能的一方為男性，但女性扮演過度高功能角色的常見程度，與男性實則不相上下。

過度高功能／低功能的互惠關係可圖示如下：

圖 8　過度高功能／低功能的互惠關係

過度高功能出現時，可能觀察到的現象：

○ 提供忠告

○ 為別人做他們自己可以做的事情

○ 擔憂他人

○ 覺得要為他人負責、知道什麼對別人最有益處

○ 說得多、聽得少

○ 為別人設定某些目標，卻不會為自己設定類似目標

○ 間歇經驗到突發性的「身心交瘁」

在低功能的狀態中，可能觀察到：

○ 需要獨立思考時，卻徵詢建議

○ 沒必要他人協助之時，卻求助於人

○ 行為不負責任

○ 聽得多、說得少

○ 經常漫無目標

○ 設定目標卻不去完成

○ 一再罹患心理或生理疾病

○ 有物質成癮的傾向

　　關係中的雙方通常都會認為過度高功能的一方，相較於低功能的一方，來得更加健康、獨立、圓熟。事實上並非如此，過度高功能與低功能的人同樣受困於此一關係歷程。一般而言，過度高功能者的生活或許很有效能，卻容易因為承擔雙份責任、雙份壓力，遭受突如其來的生理疾病或「身心交瘁」。

　　過度高功能／低功能未必是一個人生活方式的全貌。相同的關係模式也有程度上的分別，而模式中則另有模式；所有關係模式均是如此。職場上專制的領導者，說不定是家庭關係中低功能的一方；而有些夫妻可能會角色輪替，其中一方在一段時間內或某些議題上過度高功能，繼而在對方於某段時期或某些議題上高功能之時，呈現低功能狀態。

　　臨床治療領域有句玩笑話：「過度高功能的人，註定得配上一個低功能的人。」家庭系統理論告訴我們，伴侶關係中的兩人所具備的自我分化或情緒成熟度，必然完全等量，否則當初不會互相吸引。這個概念往往讓過度高功能的成員大感震驚，因為他們自認為

是兩人中較為健康、適任性較佳、較有才幹的一方。

　　然而事實上，真正為過度高功能成員帶來成功的是關係中的「交換」。交換，就是從兩人身上使勁擠出一個完整的自我，用於嘉惠過度高功能成員。過度高功能成員接收了對方的「功能性自我」；對方卻在關係中失去了自我。

　　當關係中的雙方對於功能平等均具備良好準備度的時候，便可以一同找到達成目標的方法。若高功能的一方願意停止過度高功能（換句話說，為自己負責，而且只為自己負責；為自己溝通，而且只為自己溝通），那麼低功能伴侶的現象往往會停止，並且提升至對等互惠的程度。同理，低功能的一方也可以藉由改變本身對於關係所造成的影響來主動改變關係；也就是說，開始承擔自己的責任，以及為自己的決定負責。雙方都能夠在關係中為自己負責之後，接下來的責任便是向對方溝通或界定自己是誰。

　　任何情況下，只要其中一方主動承擔起自己的責任、只為自己負責，並且向對方傳達這一點時，可以預期的是，對方會在初期出現短暫的反抗。雖然反抗可能變得相當激烈，但是如果啟動改變的一方不為所動、平心靜氣地繼續承擔責任以期改變自己為問題帶來的影響，對方的反抗很快就會消失。度過了這個階段，這份關係的功能階層便會如願提升。

　　阮先生決定主動改變之後，內心惴惴不安，因為就他記憶所及，近來所思所想幾乎都是太太的問題。而他決定為自己採取行動

之後，滿腦子想的都是行動的後果。這讓他開始擔心離婚、害怕死亡，但當他理解到這個決定與離婚和死亡兩者均毫無關聯之後，他漸漸能夠自由採取不同的行動。

阮先生改變的第一步是無所作為，意思是他只動腦思考。因為他想起了家庭系統原則，知道個體性與連結性驅力，並且了解到他和太太被封鎖在一個消耗雙方能量的連結性模式中。他說服自己，必須在他自己這方面找到一個方法，讓自己變得更像自己──是用自己的方式而不是用別人的需求來界定的自己。

觀察歷程讓阮先生得以看清屬於他這方面的問題。他很快看見自己幾乎總是優先考量別人的需要，卻把自己的事情放在後面，而且常常為了照顧別人而把自己累得半死。只是不知道什麼緣故，服務他人的需要讓阮先生感覺好極了，而這很可能正是他事業特別成功的因素之一。

觀察歷程也讓阮先生越來越熟悉別人有哪些行為會觸發他的過度高功能。以往，若有人向他徵詢意見，他會迫不及待提供建議；若有人請他幫忙，無論那件事情對他或對方是否最有益處，他都隨叫隨到。

運用系統思考，阮先生清楚看見自己和太太在關係中的位置。他開始理解到自己的過度高功能，不但放任，而且還促成了阮太太的疾病。他仔細思索自己成長的家庭系統，發現自己從小就過度高功能，自年幼開始就負責照顧弟弟、妹妹。他的母親是單親媽媽，

常因酒癮發作、行為退縮，無法履行親職。他這個長兄如父的角色就這樣一路延伸到成年階段，持續照顧著五個弟弟、妹妹。弟弟、妹妹經常來電徵詢建議、要求財務支援，節慶和特殊場合，大家都仰賴他來指揮規劃。他在職場中也很明顯扮演過度高功能的角色，他會把別人的難題當成自己的接收過來。

為了開始執行自我分化，阮先生必須細想自己可以如何為自己負責，而且只為自己負責。這是他這輩子頭一次必須找到合適的方式，在維持重要的人際系統與其中責任的同時（包括妻子、成年子女及其家庭、員工，還有一起長大的朋友），仍然能夠把自己擺在第一順位。

阮先生開始在太太面前界定自己——他是什麼樣的人、不願意做什麼、有能力做什麼。好比說他理解到，不假思索地提供太太事情的答案，其實等於暗示她，她是沒有答案、也無法自行找出答案的。他設定目標，只要是別人可以自行做到或找到答案的事情，他約束自己絕不插手。他一反多年以來，理所當然地借貸自我，開始僅僅依循自己原本的功能在生活中運作。沒有多久，他便體驗到心境上的改變。而當別人對於他的新立場產生行為反應時，他發現自己會很想回復到原來的模式，可是他明白更好的解決之道在於努力增強自我資源，也就是累積他的基本自我並堅守他的目標。

阮太太得知丈夫不會再像以前那樣隨侍在側，十分焦慮。短時間內，她病情加重，變得憤怒。她威脅阮先生，但他仍不為所動。

然而，阮太太越有機會照顧生病的自己，就越對自己的因應能力產生自信。她自己獨力完成更多事情——她的自我變得更加完整。

日後，阮太太非常感謝阮先生「為自己而行動」，並且開誠布公地說出來。到了這個階段，兩人的功能層次雙雙提升，關係品質大有改進。阮太太的健康情況也隨著情緒獨立程度的提升，逐漸有所改善。

當準備好開始改變的人被問及：「你在所處的系統中，與何人相處最為平等？」通常答案是「沒有。」深陷這類立場的人，有時候會覺得自己比延伸家庭成員及職場夥伴都要來得出色，可是有時候又會覺得很不如人。因此，訓練自己在關係中感到與他人平等，會是他們的第一要務。

成長歷程中因多重條件而形成的三角關係，可能是促使過度高功能／低功能模式根深柢固的因素。某些過度高功能者是原生家庭中排行較前面的子女，而低功能者則排行較後。若他們並非實際排行中的老大或老么，那也可能是家庭中手足次群體中最為年長或年幼的那一位。正因如此，便承接了相對於其他手足較多或較少的責任。過度高功能者，有可能純粹是因為一直處於一個必須承擔大量責任、功能過高的位置上。很常見的是，夫妻雙方的父母也是過度高功能或低功能的婚姻模式。有時候是因為這對夫婦的父母受到本身原生家庭模式所困，而依賴他們、把他們當作父母而非子女來看待；而有些人在早年，則是完全沒有經驗過這種模式，很可能只是

他那一輩的人缺乏自我分化的緣故。

　　不過無論如何，都不宜追究責任。運用系統思考的人立刻就會明白，任何人的父母都有雙親，而且也受困於自己的模式；依此上溯，世世代代皆然。阮先生的案例中，他低功能的母親一直是外婆的生活焦點——外婆圍繞著女兒生活，把女兒當作重心，到了已經不需要照顧的年齡還持續照顧，導致阮先生的母親獨立不起來。即使已經成年，她仍然設法藉助其中一位子女，維持她情緒依賴、低功能的模式。

　　要著手改變過度高功能／低功能的互惠關係，就不能問：「他實在很麻煩，怎麼樣才可以讓他改變？」而要問：「我在這份關係之中，帶來的影響有哪些？」這項任務在於訓練自己能夠為自己負責，而且只為自己負責。意思是說，過度高功能者應當多花些時間思考、計畫、關心自己、處理自己的事情，而非處理別人的事情。同時，如果是人家可以輕易完成的事情，絕對不可以插手。同理，低功能者若非絕對必要，也不可以伸手求援。獲得幸福的責任，不在別人身上；更確切地說，無論正面、負面感受，還是個人的思想、行為，都是自己的責任。在任何關係模式中，啟動自我改變之初，自然會引起焦慮反應和混亂。不過大多數案例中，焦慮和混亂是短暫的。如果自我改變工作做得夠紮實，將會提升自我分化的程度，並伴隨情緒成熟度的增加，進而讓關係邁入更高境界。

三角關係

11

> 三角關係的概念提供理論框架，用以理解所有情緒系統的細緻
> 運作……雙人情緒系統並不穩定，遭逢壓力便自然形成三人系
> 統，或者所謂的三角關係。
>
> ————莫瑞・包溫，1972 年

若說趙先生和趙太太教養孩子不夠用心，那就大錯特錯了。他
倆可是育兒課程的忠實學員，趙太太為了迎接老大出生，閱讀大量
育兒書籍做為準備，範圍涵蓋生理與心理議題。夫妻倆還報名參加
了好幾場親職課程。無論從什麼標準來看，他們都稱得上是一對撫
育型父母（nurturing parents），然而，夫妻倆自覺非常放心不下孩
子。兩人都將親職視為最重要的成年生活任務，但是同樣感到難以
適任。

趙太太的母親也向來操心慣了。她在趙太太的成長歷程中，多

次嚴重憂鬱症發作，因此趙太太最在意的事情就是如何才不會跟母親一樣愛操心、犯憂鬱。

結婚頭幾年，趙先生有酗酒問題，後來妻子威脅要離他而去，他才去參加戒酒無名會，戒除了酒癮。

現在他們的對話大多圍繞著八歲的長女瑪莉莎和她的問題。瑪莉莎在校成績不佳（儘管她的父母都很聰明，也受過良好教育），而且沒有朋友，總是臭著一張臉。趙先生和趙太太的重心全放在如何幫助瑪莉莎達成學業目標、交朋友和改善情緒。郊遊外出總是全家動員，瑪莉莎和六歲的弟弟布萊恩必然同行。事實上，兩個孩子參與了所有活動，夫妻倆不帶孩子出門就不度假。可想而知，瑪莉莎的問題越嚴重，他們就越擔心，經常帶著焦慮跟瑪莉莎說話。

第一次會談，趙先生和趙太太雙雙否認夫妻關係有問題，認為他們相處得很好。婚姻之初，趙先生短暫酗酒時期，雙方關係自然不佳，但兩人對於此事都輕描淡寫，談起女兒倒是滔滔不絕，連續幾個小時描述著自己的擔憂和掛慮。

諮詢師猜測父母操心與子女低功能兩者之間有所關聯。當趙太太回憶起自己對於母親愛操心的情緒反應時，這對父母才能夠慢慢地不再把焦點放在瑪莉莎身上。隨著他倆把對女兒的關注逐漸轉移到自己的生活上，瑪莉莎有了正向反應，在交友、學習成就和情緒方面都上了軌道。

然而，瑪莉莎的情況一有所好轉，趙家夫婦在會談中所描述的

夫妻關係困境就出現越多生動的細節。趙先生千方百計與太太保持距離，這個舉動引發太太急切和焦慮的追逐。他越保持距離，她追得越兇。當他們不再把焦點放在女兒身上，終於能夠開始處理夫妻關係。

雙人關係相當脆弱，很容易受到幾種方式的破壞。三角化便是其一，也就是引入第三方成為關注焦點，而非解決原本雙人關係中的問題。三角關係只不過是面對主要的雙人關係問題時，諸多逃避方式之一。以心理治療專有名詞來說，趙家的關係模式稱為「聚焦於孩子的家庭」（child-focused family）。父母不處理本身自我分化的問題，卻把重心放在女兒身上。一旦「聚焦於孩子」的情況獲得修正，就突顯出婚姻中的疏離狀態。

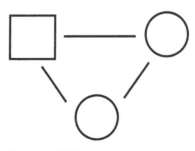

圖 9　三角關係

三角關係會表現出某些共通點：

○ 不直接跟上司、牧師（或教會領袖）、老師溝通，卻跟別

人說他們的壞話

○ 散布或談論有關不在場人士的閒話

○ 外遇

○ 對別人的問題有一種病態的興趣

○ 惦記孩子或別人，多過於想想自己或自己的婚姻

　　若三角關係內的成員想要達到更直接、以一對一為基礎的狀態，就必須先看見三角關係，以及該三角關係如何容許其中兩位主要成員互相逃避。當三角關係中的成員開始觀察彼此之間的舊有模式，往往發現自己正是雙親或父母單方過度關注的焦點。很多人了解到，自己的父母頻頻運用三角關係做為逃避關係困難的手段。

　　趙太太開始運用包溫家族系統理論來看事情。她發現自己生了瑪莉莎之後，她的個體性便完全被她與新生兒之間的連結性所淹沒，根本是母親當年的翻版。自從趙太太當了媽媽，她就沒有時間追求個人目標，並且遺憾人生少了個體性。當她認清這一點，便獲得反思人生的客觀切入點。如此一番檢驗，她對於自己的目標有了更清晰的界定；她開始探索各種職涯機會，並且終於報名參加了一項訓練課程。

　　趙太太也觀察她的家庭系統，發現延伸家庭中同時存在著多組疏離關係，以及多個高度聚焦於子女的家庭。她開始跟幾位切割多年的親戚聯絡，這點努力促使她在婚姻關係模式中做出改變。僅僅

為了開始思考這些問題，她便已無暇貫注全神在瑪莉莎身上，這使得所有家庭成員都獲得了喘息的機會。

只要趙太太看得出問題所在，就能透過觀察情緒歷程看見關係疏離與三角化如何在她的延伸家庭和核心家庭運作。隨著她日益理解這個歷程，便看清這兩種關係狀態如何在自己的情緒模式中運作。她觀察了情緒性反應如何透過三角關係在核心家庭中流竄，進而成為模式，並且盡可能仔細觀察情緒性反應的細節。

趙太太隨後探究了自己的情緒歷程：觀察到底是什麼觸發她採取疏離姿態，又是什麼促使她形成三角關係。她檢視自己的情緒反應模式，會在多大的情緒緊繃之下受到發動。她看見自己的疏離姿態在什麼時候，又是如何轉變成三角關係。於是她開始思考有什麼方式能與丈夫產生連結，又能專心改善自我情緒管理。

在原生家庭的脈絡中改變自己，是努力改變舊有模式時十分重要的事情。趙太太設法改變之初感到搖擺不定、充滿壓力，但她仍然刻意安排時間與父親、母親、手足相處，並且盡力調整自己在不同三角關係之中的情緒性反應。

趙太太的父母向來比較關注姊姊，趙太太在成長歷程中經常為此憤怒、挫折、嫉妒。隨著「母親—姊姊—自己」之間的關係探究漸深，趙太太往日的感受也逐一湧現。她投注於「停留在原先的三角關係中並努力保持冷靜；不採取疏離姿態，也不製造另一個三角關係」的努力，此時發揮出明顯效益。理性告訴她，現在自己已經

長大成人，沒有理由在母親給予姊姊更多關注之時，任憑強烈的情緒左右自己。她那些感覺並未因此消失，但又過了一陣子，她的努力開始有了回報，她能夠在這份三角關係中，分別與母親和姊姊保持開放溝通，情緒也不再那麼強烈。趙太太透過這些努力，對於如何在不同關係中分別掌握好自己的角色，獲得了充分的學習。

兩人之間焦慮升高，自然會以某種方式尋找第三人參與。相較於雙人系統，三角排列的穩定度似乎更高、延續更久，並且更能夠容納焦慮。情緒系統中必有三角關係的存在，而且隨處可見。包溫家庭系統理論認為三角關係是組成人類系統（家庭、機構、社會）的基本元件或基礎材料。因此，最終目的不在於擺脫三角關係，而在於如何在其中自我管理。

三角關係連結了所有家庭成員。若家族較為龐大，其中會有數不清的三角關係（圖 10）。不同的三角關係透過延伸家庭成員之間環環相扣的關係，彼此互相串聯；進一步透過環環相扣的社群組織和人際關係，將家庭之間、機構之間串聯起來。

當家庭或社會中的焦慮程度越高，三角關係就越明顯。相反地，所觀察的系統越冷靜，三角關係就越不顯眼。情緒系統的未分化程度越高，則三角化或三角關係之間焦慮流動的情形越嚴重。

人們著手檢視本身的情緒模式時一致發現，最常見和最有影響力的三角關係是由「自己—父母親」或「自己—出生時的主要照顧者」所組成。然而，任何三人或三人以上的家庭或組織，其中必有

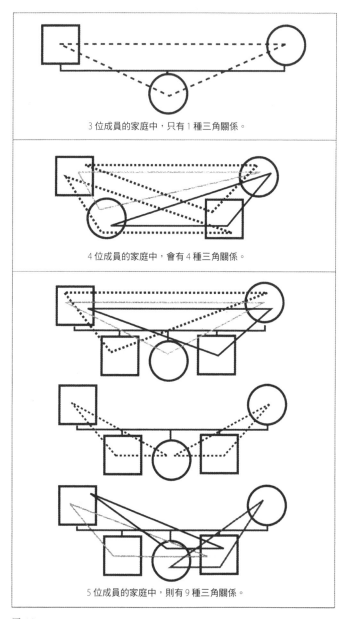

3 位成員的家庭中，只有 1 種三角關係。

4 位成員的家庭中，會有 4 種三角關係。

5 位成員的家庭中，則有 9 種三角關係。

圖 10

多個三角關係。

要在三角關係中管理好自己，相當勞心費神。眼見另外兩人組成一夥兒，還要冷靜接受現況，可能是一項挑戰。當一個人能夠在想法上、甚至對話時冷靜地與另外兩人連結，亦即能夠實踐情緒中立、不偏向任何一方，這表示他對於三角關係情緒系統中的自我管理已經有了心得。

學會覺察三角關係的各種樣貌，實屬重要。三角關係在日常生活中，以無害的形式出現，例如央請第三方人士出面調解兩人爭議。三角關係存在於教會、工作場合或社群團體，無時無處不在，但唯有焦慮升高時才會較為強烈和突顯。

一旦辨識出三角關係，就有可能去思考身在其中的自我管理，主要問題在於：「我為這個模式帶來什麼影響？」、「我如何將關係三角化？」、「我要如何改變我在三角關係中的角色？」換句話說，「我必須做什麼讓情緒更中立，並且仍與三角關係的其他兩方保持溝通？」

在三角關係中，自我管理的基本原則有哪些？首先，有所助益的乃是與其他兩方保持冷靜、開放的溝通，並且管理自我情緒，避免接收其他兩方的焦慮。三角關係中情緒強烈時，通常局外人是最令人自在的位置。

畢家不知道花了多少時間，為兒子傑克的叛逆行為大傷腦筋。就在畢先生確定繼續擔心傑克的所作所為對誰也沒有好處之後，他

所面對的問題便是如何在三角關係中保持情緒中立，又不與任何一方有所疏離。自此開始，他規定自己要找到跟太太和傑克冷靜連結的方式，偶爾也能發現不說教、不命令的方法，讓傑克知道該做什麼才對。畢先生多半會假設，如果自己面臨和傑克相同的處境，他會依照何種指導原則進行抉擇。意思是，他依照自己的行事原則與兒子談話，同時也會毫不猶豫地施加限制，提醒傑克不當行為或造成家人不便的行為將有何後果。

畢先生在情緒中立方面才稍有進步，原本極度「聚焦於孩子」的三角關係便轉而成為「母親—兒子」之間尖銳的雙邊關係。接下來，畢先生開始訓練自己在面對妻兒劍拔弩張之際，能夠冷靜自己的情緒。以前只要妻子一煩心兒子的事，畢先生就會非常焦慮。他現在開始努力盡可能以最小的情緒性反應來觀察妻兒互動，而且單純觀察就好。

接納他們兩人以緊繃的情緒方式在一起相處的事實之後，畢先生內心獲得些許平靜。但是他得忍耐著，不與妻兒疏離。在他努力降低自我情緒強度的同時，他繼續與妻兒對話，保持聆聽；通常與其中一人對話時，會邀請另外一位旁聽。無論太太有多擔心傑克的行為，畢先生都冷靜聆聽，以較為冷靜的觀點回應，並且不忘表達自己對傑克的看法。他認為傑克具備所有養成條件，足以成為一個成熟、有責任感的成人。他表示相信兒子一定做得到，也表示相信他們母子一定會找到消弭歧異的辦法，但是從來不在作法上提供建

議或忠告。

畢先生不再失眠，現在只專心過日子，管好自己的問題，不再多管閒事。漸漸地，畢太太看出這個作法的好處，開始努力控制自己對兒子的掛慮，較能夠冷靜思考自己人生的道路，還有那些擱置已久的事情。她也開始學習與兒子交流，不再繼續為他操心。沒過多久，傑克便開始起而效尤，以深思熟慮的方式選擇自己的人生方向，變得更獨立自主，而非不假思索的叛逆。

遊說家長：只要不再牽腸掛肚、孩子慢慢就會沒有問題，這種說法未免太過簡略。活著，就會有問題。不過可以確定的是，如果只需面對一般困難而不必額外承接父母的掛慮，子女會表現得比較好。掛慮子女，對於導致自我分化不足的問題無濟於事。

針對聚焦於孩子的三角關係或愛情三角關係進行猜測，若該三角關係不存在，婚姻關係模式會是哪一種？有趣的是，當三角關係中的焦慮降低，模式便隨即浮現。

三角關係並無優劣好壞，只是無所不在。只要情緒系統中尚有絲毫殘存的未分化狀態，就會出現三角關係。因此，若不學習如何置身於三角關係中，同時管理自我情緒，就無法提升自我分化程度。隨著自我分化程度的提升，在三角關係中辨識情緒、自我管理的能力也會有所改進，不過，這種能力永遠是相對的。

重複性

……爬蟲類腦受制於過去經驗。

————保羅·馬克連恩，1973 年

　　理解人類在關係中的行為時，還有另一項重要觀念：人具有重複舊模式的傾向。

　　第一位觀察到「移情作用」存在及其重要性的人是佛洛伊德。佛洛伊德相信某些陳規舊習（可能是想法、行為、態度、感受）建立於人生早年，而後駐留於他所謂的潛意識之中；並認為日後這些陳規舊習彼此之間會以一種不合宜的情緒強度互相黏附。

　　關於這一點，佛洛伊德理論與包溫理論之間的關係，正如同愛因斯坦物理學之於牛頓物理學。愛因斯坦物理學並未完全推翻牛頓物理學，而是將它納入更為寬廣而綜合性的理論架構中。包溫理論採取較為廣闊的視角，相較於佛洛伊德理論，涵蓋更為廣泛，闡述

更多事實，同時也並未完全推翻佛洛伊德理論。系統思考者使用較為寬宏的參照架構，謹記尚有更多變項，而這便改變了他們研究事物的方式。

包溫同意佛洛伊德所說的移情作用確實存在於自然界，抱持的觀點卻大相逕庭。在包溫理論中，沒有潛意識，也沒有所謂「心理動力」；但兩者皆為佛洛伊德觀點中用以解釋移情現象的必要概念。因此，由新觀點來了解移情現象，自然有其必要性。

思考方式之一，就是將這些重複的反應與行為視為情緒模式與運作模式。此類模式形成於個人生命早年，深深刻印於情緒系統中。反應與行為之所以重複，乃是因為相同模式曾在原生家庭早年三角關係模式中不斷重複過。除非等到個人習得取代性反應模式，或者提升至具備較多反應選項之更高分化程度，否則個人會在一生中反覆體驗類似情緒、重複展現類似行為。

馬克連恩認為這種重複傾向源自於爬蟲類腦。勞倫茲（Lorenz）研究的銘印現象（imprinting phenomenon）發生在特定一段時間。這段時間之內，動物特別容易受到影響。以他研究的雁鵝為例，他發現如果小雁鵝在破殼而出的關鍵時刻，第一眼看到的是人類而非雁鵝媽媽，小雁鵝追隨的對象就會是人類而不是雁鵝媽媽。銘印一旦形成，終生不變。

這種現象，人類也有。但由於這個新理論看待事情的角度迥異於過往，重新命名為「反應的重複性」（reactive repetition）或簡稱

「重複性」，較為妥當合理。從新觀點來看，重複性指的是原生家庭早年三角關係中所形成的模式化行為或感覺狀態。行為模式受到人生早年銘印模式所支配。因為它們是由關係決定，其所呈現的關係模式型態便不外乎廣為人知的衝突、疏離、切割、過度高功能／低功能的互惠關係或三角關係。

在分化程度良好的人身上，較少出現重複性。即或偶爾出現，也較緩和，當事人亦較理解其在原生關係系統的根源。清楚界定思想與情緒內在指導系統之間的分野，讓人得以分辨何為現實，何為內在運作模式。因此，就分化程度良好的人而言，受他人刺激時，舊有模式情緒性反應受到觸發的情況會比較少。

很明顯地，到了相當程度，基於過去關係所形成的大腦迴路和身體生理機能便會與人形影不離，讓人無法以自由與彈性來回應目前的關係。過去的關係越複雜、情緒越強烈，目前的關係也會越複雜。

那麼，可以做些什麼來改變這些不當而多餘的重複性呢？過去的理論主張，改變要在與治療師的關係脈絡中進行（亦即分析移情作用）。這唯一的問題是，即便摸透來龍去脈，也往往無法將反應消除。但運用新的典範，治療師發現截然不同的情況，若能與原生家庭（正是重複性源起之處）建立情緒上的連結，並且在該脈絡中改變反應，假以時日，必能帶來根本上的變化。這樣的任務較為困難，但是臨床經驗兩相對照之下顯示，在調節情緒性反應上，新方法具有更好的成效。

13

> 與個人早年（家庭內）社交關係越為相似的社交關係，越容易成功而長久。

————沃爾特・托曼，1961 年

托曼博士以三千人為基礎的**家庭星座**（Family Constellation）研究，展現了重大科學進展，解開人際關係中許多令人費解的疑惑，研究結論則顯示人格和關係類型與手足位置之間有何關聯。這些研究發現正逢包溫發展治療理論之際，於是便成為他當時迫切吸收的養分。

托曼的研究成功解釋了人際之間的「化學關係」，推動人們對於人格與關係的理解，並帶來不可思議的躍進。甚至連人們為何彼此吸引這樣的謎團、人際偏好問題、形成長期關係（愛情、企業、友好人際）的一些因素，也都在他深刻探究之下獲得揭曉。這些特

性可能是某種特定形式的重複性反應，因為它們會在系統中自然生成與衰敗。

托曼博士發現，手足位置解釋了為何有些關係比較容易，有些關係比較費力。他的研究也顯示，手足位置與兩個人在關係中如何彼此對待有明顯關聯。研究人類行為的理論專家長久以來相信，人格大部分形成於人生早年與原生家庭相處的階段。然而，有哪些早年重要的因素影響人格形成，卻不甚清楚。托曼博士的研究確認了在所有其他條件相同的情況下，個人出生序，尤其是性別與出生序的組合，是人格特質的主要決定因素。

為了理解關係以及個人在關係中扮演的角色，了解個人的家庭星座對於其人格最初形成有何可能影響是非常有用的。托曼的研究對於理解和接納關係系統中的其他成員也有助益。

附錄3「手足位置輪廓」摘錄自托曼的著作。該摘要基於手足位置，分別描述了個人的「角色輪廓」，並進而針對不同手足位置所組成的典型關係進行描述。

對於這些輪廓的認識，就發展更多自我的重責大任而言，絕非終點，而是大有可為的起點。

若單看手足位置，暫時不考慮自我分化的影響，有些關係模式出現之頻繁，似乎並非我們原本以為的那般偶然。舉例而言，雙方均排行老大的關係組合遭遇阻礙時，往往容易進入衝突。老大和老么的組合若形成模式，容易出現過度高功能／低功能的互惠關係；

通常在過度高功能的位置是老大，低功能者為老么。雙方排行均為老么，有時候會因缺乏決斷能力而躊躇不前；雙方互相等候對方帶頭行事，或很可能輪流告訴對方該怎麼做。

手足位置或許被視為人格決定因素，但是托曼相信透過努力，可以大幅降低手足位置的影響力。同時，基於人類的重複性能力，欲明白如何超越手足位置所帶來的限制，最首要之事乃是了解手足位置在人格發展中扮演的角色。突破手足位置帶來的限制，往往能強化一個人在其手足位置的優勢，提升個人和人際上的功能表現。

高度自我分化的人能夠與不同手足位置的他人成功建立連結或合作關係。亦即，自我分化程度越高，手足位置對於形成並維持成功關係的相關性就越低。

每個手足位置都具備某些優勢，也都有受限之處。我們的目的在於保留手足位置所賦予個人的天然優勢，同時找到超越限制的方法。為達成此一目標，就有必要了解何謂手足位置，以及個人在其中的慣常運作方式。這也將迫使個人跨越自我、密切觀察個人的行為，並找到於早年發展但如今不適用的自動化反應。日常生活中任何微不足道的行為都可能是線索。同時，了解雙親的手足位置也會有所助益，因為父母是個人生命中的重要銘印來源。

史先生發現自己一輩子過度依賴他人的毛病（無論對象是誰，總期待得到對方照顧），源自於老么這個手足位置。於是他著手改變自己和兄姊的關係，不再期待兄姊代勞，願意在手足關係中承接

責任，腳踏實地開始實踐。例如，他更頻繁地與哥哥、姊姊主動進行一對一聯繫，練習在一對一的關係中，將自己與兄姊平等看待。此後，他練習讓自己在所有兄姊面前感到平等。這個漸進式的過程實際進行了好些年才終於大功告成。然而就在這段努力的過程中，史先生發現太太對他不再有所抱怨。

此外，嘗試不同的行為方式是有可能的。若在手足關係中調整幾個微不足道的行為，會有什麼影響？會是什麼感覺？在他人面前嘗試這麼做之前，先在腦海中預演會有幫助。穆醫師覺察到自己與大兒子衝突頻繁，與母子倆均排行老大絕對脫不了干係。兩人都喜歡宣示立場、不樂意傾聽，都好為人師、爭著要成為對話中下結論的那個人。認識到這一點，讓穆醫師偶爾能夠改變與兒子相處的方式，也開始明白如果她不放棄自己強勢而直率的「老大風格」，兒子可能會變得怨天尤人、激憤叛逆。她需要找到方法，容許並鼓勵兒子在母子關係中展現自我，同時容許她保有自我（也就是不讓自己落入順應、失功能或低功能的位置）。用前所未有的方式自我管理，使她得以從兒子口中聽見更多不曾有過的表達。她對於兒子有主見給予肯定，接納他身為「老大」勇於擔責的一面，容許他承擔更多責任。跟兒子相處時，她一改過去的教養風格。

她在自己原生家庭中所做的努力，對這項改變影響甚巨。她反思自己的手足關係，當她逐漸能夠平等看待弟弟、妹妹，而不再將他們視為小弟、小妹時，她的手足關係轉變為友誼關係。她不再像

以前總是發號施令、給予指導，而會不時詢問他們的意見，更多時候，她發現最簡單的相處就是陪伴。她跟兒子的關係中，不再出現憤怒與衝突狀態，兒子獲得充分發展而成為領袖人物，母子之間做到真正的相互尊重。

秉持目標、練習以不同的方式與兄弟姊妹相處，就會看見進展。任何行為改變在一開始的時候都會有點古怪，然而日積月累下來，將會出現變化。有趣的是，進步總是在回顧檢討時才發現，而接受具備系統治療訓練背景的專業人士諮詢，能有效促進個人脫離習以為常的位置與模式。

手足位置是模式化運作的型態之一，故此我們看見成年生活中，早年模式對於個人內在與關係系統兩者的強大影響。認識手足位置使我們有機會得以設定目標，並超越早年所習得的種種限制。

脱軌的關係

脫軌的關係

14

情緒性回應狀態可深刻影響關係的軌道。

————莫瑞・包溫，1971 年

電影《安妮霍爾》（*Annie Hall*）一片中，伍迪・艾倫（Woody Allen）對安妮說：「關係就像鯊魚，必須不斷向前游動，否則就會死亡。依我看，妳我手中所握的鯊魚已經死了。」

關係如何隨著年日走樣，成了僵化模式？模式既為排解焦慮而存在，為何各類模式竟無從協助釋放焦慮？

事實上，關係模式的確為關係排解了相當程度的焦慮，最起碼能將成員的注意力從問題上移轉開來。伴侶往往習於關係模式中早已深化了的路徑，渾然不覺關係焦慮的存在，卻將孩子、他人或各類衝突議題視為「問題」。對於任何有血有肉的人而言，不正視表面徵兆背後的關係問題，而將眼光放在三角關係中的第三人或關係

周邊議題上，顯然比較容易。

　　但真正的問題是，陷入困難關係的成員往往「沒有自我」。雙方大多數的自我早已捲入關係之中。臨床案例顯示，雙方的自我在情緒方面逐漸融合，凝聚成情緒團，這樣所呈現的自我只不過是一個虛擬的假象。此類困境中，雙方的思想、感覺、計畫，較少為了自己，更多以另一個人為中心。

　　在關係模式中卡住的人，往往很清楚知道自己放棄了自我。因為你若探問他「到底花更多時間想自己的事情，還是對方的事情？」他們多半很快承認，惦記對方事情的時候居多。低功能者確知自己在關係中的順應程度，而且可以立刻將順應方式說得很清楚。三角關係模式中的成員，往往很清楚自己如何在主要關係中失去自我，並因此想要在主要關係之外尋覓更好的關係，或聚焦在對方以外的對象身上。在衝突關係中，則是雙方均明確知道自己的關注焦點就是對方。

　　人生若有如此多的心力忙於關係議題，著實難有餘力追求人生方向；茫然，是關係成員必然會有的感受。

　　建立新關係令人興奮，其中一個理由可能是因為雙方仍然能夠相對保有完整的自我。關係初步發展階段，雙方尚未進入自我借貸狀態，因此關係還不至於面臨焦慮或陷入模式。一旦關係中出現自我交換，就會產生如何將自我取回的問題。取回自我並不容易，但已經有人日積月累執行，獲得了相當成果。

尋找思考問題的方法時，便是朝向問題解決躍進之日。如果能夠在心理上後退一步，盡可能用客觀的眼光檢視這份關係，關係模式的姿態通常顯而易見，而以關係模式為媒介，彼此自我借貸則會立即突顯出來。有此覺察之後，任務變得特別困難。「收回所有責難、中斷所有關係位置與姿態」的目標，與「促進自己單方面承擔責任，發展更多基本自我」的任務不謀而合。

　　了解自己、自己的信念、偏好、情緒觸發方式，並且加以管理——就是邁向更高自我分化（更多自我）之路，這些全都是值得採取的優先步驟。認識自己成長的家庭系統，有助於讓自己保持在關係之內，同時從中採取自我分化的各項步驟。

　　若有人在關係中，設法從融合狀態中脫身，其他成員會不由自主地從改變之初，就以各樣方式提出抗議。但如果這位成員不為所動，繼續為基本自我的發展而努力，同時將自己在關係中的功能性自我逐漸挪除，一段時間之後，其他成員便會適應過來，而且通常也會跟隨這位先驅成員，參與這項自我分化的長期計畫。一旦發生這樣的情況，雙方都會感受到關係功能的改善。

　　當關係中的人們自我分化程度更為提升，關係問題就越少。因為雙方的情緒成熟度提升，就會將關係議題、關係周邊的成員都考慮進來。溝通會有所改善，而這份關係也不再承擔難以負荷的議題和情緒。

　　模式關係中的自我交換，是一種缺乏自我分化的運作方式。因

此，若每個人都誠實看待本身自我分化的議題，關係改善指日可待。遺憾的是，由於成員僅僅嘗試以不同的關係模式相處，對於提升自我分化程度一事渾然不覺，所以半途而廢的大有人在。

許多人因為多方嘗試各種模式而有豐富的個人體會，卻因此有可能自欺欺人地認為自己已經在自我分化方面有所努力；也可能因為在模式中交換位置，而自以為關係已經平等。於是，過度高功能與低功能的雙方可能會在同一天之中多次交換位置，並因如此帶來的明顯不同感受，而誤以為這就是平等或情緒成熟。或者，陷入白熱化衝突的伴侶，可能會因為厭倦感而放棄、退入關係疏離狀態，卻認為彼此已經在根本上做了改變。然而，這樣的改變無法為較佳的功能關係建立基礎。要建立較佳的功能關係，雙方都必須盡可能將借貸出去的自我從關係中取回，並且先想清楚如何界定自我，再持續向對方溝通自己的界定。

這些改變對於大多數人而言，並非單一終點，而是終其一生的歷程。此類任務促使人仰仗內在方向與動力的引導來生活。認真看待自我分化任務所帶來的挑戰，一路上將會感到精彩、充滿啟發。

II

卓越關係的輪廓

若其他條件不變，則決定人生路徑的因素包括：未處理的情緒依附、因此而來的焦慮程度，以及個人因應焦慮的方式。

————莫瑞·包溫，1974 年

當今社會甚少提供人們「打造卓越關係」的養成途徑。相反地，電視、電影、小說中所描繪的往往是早年強烈的情緒經驗，這些情緒經驗也是人們最早參與的感覺，基於這些感覺，人們對於彼此有了不同的感覺解讀，藉此來跟他人互動。這類文化表徵中常見的情感強烈程度往往足以導致激烈的情緒切割。因此，司空見慣的文化表徵並未將人們推往卓越的關係，反倒與其背道而馳。

穩定而令人滿意的關係確實存在。最理想的關係似乎只會增加而不會阻礙雙方的個體性。然而，關係的一般作用在於滿足連結性，而連結性的源頭正是不分化。如果試圖在關係中完成自我，不僅自我依舊不完整，關係本身也會陷入掙扎。

卓越的關係如何促進個別成員的個體性？每一個個體（或自我）又如何容許並鼓勵他人成為自我？關係中有哪些是運作良好的部分？

手足位置互補的關係，運作順暢、不費力的機會較高。只要是人，都會因自己（及其雙親）的手足位置在長大成人離家之後受到或多或少的限制。部分人格特質和反應模式會一直受到個人原生家庭中，家庭星座位置以及個人情緒模式經驗的影響。值得慶幸的

是，這些特質看似終生定型，但藉由持續努力仍然可以改變。

運作良好的關係中，自我分化程度比手足位置和情緒模式都要來得重要。一個關係的成功，往往自我分化程度越高，手足位置的影響越小。

換個方式來說，若兩人的手足位置正好很相合，關係可能從一開始就相當順利。但是其中任何一方不成熟之處，都會蔓延到與自己手足位置不甚相合的關係之中（比方說工作關係或親子關係）。這些問題區塊，以及存在於關係中的情緒融合，最終都會回過頭來為雙方製造焦慮。

無論如何，改善關係最需要的就是雙方均保有各自的自主性及情緒功能。個別成員的功能程度越高，關係運作越佳。

情緒成熟度低，也就是自我分化程度較低的人，會吸引情緒成熟度較低的人；而情緒成熟度高或自我分化程度較高的人，也會彼此吸引。理論上，互相吸引的兩個人，他們的自我分化程度必須完全相同。既然如此，關係出了問題，不能責怪任何一方。只要檢視自己為關係中的情緒難題帶來何種影響，才是有效之舉。

雖然自我成長進展緩慢、自我分化程度終其一生以龜速推進，但可喜的是，其中一方在自我分化程度上的改進，終究會帶動對方的跟進。就算改變極其細微，對於關係也有大幅影響。

個人自我分化程度提升之後，就有能力看清整個情緒歷程以及自己在歷程中的角色與影響，從而使得關係不再那麼容易卡在模式

或議題中。在較高的自我分化中，關係依然會去滿足雙方連結性的需求，但由於雙方連結性的需求均較低，關係則近似於和諧團隊的運作。在高度自我分化的關係中，成員從來不會失去個體性。相反地，是兩個完整存在、充分自我覺察也彼此覺察、敞開溝通的個體，在整個過程中共同合作，這正是理想關係的樣貌。

15

理想境界——區隔、平等、開放

婚姻是持續運作的夥伴關係。配偶雙方得以享受所有等級的情緒親密，而無須因對方放棄自我。無論共處、獨處，都能自主做自己……高度自我分化的人對於他人和關係系統，時刻都有所覺察。

————莫瑞・包溫，1976 年

完美關係不存在，這樣的假設並不為過。即便完美難以實現，設定理想狀態仍然很有助益。臨床經驗發現，設法改善關係時，清楚知道自己期待的理想關係（亦即最佳可能性）會很有用。不清楚努力的方向，就不容易有所進展。包溫對於高度自我分化運作的清晰描述，已經大幅促進了許多人的關係運作。理想關係與理想自我的描述幾乎一致，這是因為在現實生活中，理想關係是兩個理想自我之間的平等、開放關係。

在理想的關係中，個體性程度較高，而連結性程度較低（兩種最基本卻截然相反的人性驅力）。表面上看來，理想關係似乎滿足了連結性需求，但其實在高度自我分化中的未分化程度較低，所以對於融合或連結性的需求也較低。因而出乎意料的是，個體性對於關係成功比較重要。當每一位成員都到達完全個體性的程度（情緒上彼此分化，也普遍與其他人有所區隔），關係一定會成功。

高度自我分化的人和他們所組成的關係具備了某些特性，而「區隔、平等、開放」是其中幾項。

○ 關係雙方都為自己而且只為自己負責。這不代表他們完全不為對方做事；有時候會的。但是為對方做事，不至於做到變成過度高功能／低功能的模式，或深陷其中並習以為常。雙方也都不仰賴對方來成就幸福感或情緒滿足，而是將幸福感或情緒滿足視為自己的責任，並由自我來承擔。在情緒上負責還必須管理自己的情緒，不讓情緒成為關係的包袱。為自我情緒負責，也包括了不為對方的情緒承擔責任。這樣的關係並不是缺乏情緒敏感度，而是認為對方有足夠的能力負責自己的情緒，因此無須越俎代庖。

○ 關係雙方是「有交流的」。他們跟對方有足夠的相處時間，充分理解彼此在對方心目中的意義，而且只做自我表達，不代替對方發言。

○ 關係雙方負責界定、詮釋自己的想法和立場，並且傳達給
　對方。反過來說，雙方都沒有責任界定或傳達對方的想法
　和立場，因為彼此都認為對方具備能力，而且足以處理這
　項任務。

○ 覺察力也是理想關係的一項特色，這種能力是隨著自我分
　化程度的增加而自動提升。獲得理解自我情緒並為之負責
　的能力，所需要的是培養對於自我內在情緒／感覺系統的
　覺察能力。準確覺察他人情緒的能力，是不遺餘力「理解
　自我情緒並為之負責」的產物。覺察力存在於廣泛體系的
　各種三角關係之中，覺察的細緻度則隨著體驗所累積的關
　係知識而與日俱增。情緒系統隨著歷程發展變得可以預
　期：「只要我說，我都猜得到他可能會有反應。」

　　覺察力猶如潤滑油，使關係在軌道上保持順暢運作。覺察力的
生成，有賴個別成員對於自我的充分認識。不明白自我在情緒層面
如何運作，那麼覺察他人情緒的任何意圖都不是真正的覺察，而是
對於他人自我界線的一種冒犯，其目的在於自我功能借貸。

　　理想關係存在於高度自我分化中，其最重要的三項特性是：

○ 與對方在情緒上有所區隔
○ 姿態平等

○ 開放溝通

以下針對這三項特性詳細說明。

區隔

> 分化程度較高，就能夠自由參與情緒場域而不必擔心逐漸與他人過度融合；也能夠為人生重大決定而轉換情緒，回到平靜、合乎邏輯的推理狀態。
>
> ————莫瑞·包溫，1976 年

在理想的關係中，雙方都不會在關係中失去自我，這是因為雙方都擁有完整的自我界線，以及內在指導系統充分發展的緣故。雙方都不會被關係融合所捲入；無論是否在關係中，都以個體性的自我來自主運作；不依賴對方提供「支持」，也不會期待透過關係來補足心目中的缺憾、讓自己完整。高度自我分化的個體不需要支持，因為高度自我分化的自我發展較為完整，無須仰賴別人來讓自我完整。這也就是為什麼兩個高度自我分化個體的「情緒我」，可以保有一般關係中少見的「區隔」的緣故。換句話說，任何一方對於是否要回應對方的情緒焦慮都擁有選擇權。如果雙方在情緒上是

區隔的，任何焦慮經驗都不會惡化成痛苦的情緒交換，也不會以情緒模式做為最終解決。

在情緒區隔的關係中，雙方不僅對彼此有較少的情緒性反應，還會有能力在情緒與思想之間做選擇。有了這項能力，面對對方焦慮的時候，就有可能保持冷靜。只要有其中一方能保持冷靜和理性，焦慮就不會升高並在大腦中形成情緒迴路。

這也代表了關係本身不會因為任何一方所發出的情緒而承受負擔。相反地，雙方都有能力充分管理自己的情緒。處理好自己的情緒之後，任何一方為關係所帶來的影響都是充滿體諒和建設性的。

自我界線健全就不會出現關係模式，因為只有在關係模式中，才會出現自我借貸。

檢視關係模式能讓我們對於界線有什麼樣的認識呢？

○ 在**衝突**模式中，關係雙方只顧著將批評與責難投射到對方身上，而且都侵害了對方的自我界線。若能重新聚焦在自己身上，衝突便會停止。

○ **過度高功能／低功能的互惠關係**要求其中一方順應對方。這樣的要求一直到了自我界線破裂和失去自我的地步，對方就會從裂縫中借取自我。在持續要求順應的情況下，如果被要求的一方不夠順應，獲得較多「功能我」的一方就會一再要求。看似運作良好的一方試圖從兩個自我身上強

行拼湊出一個自我，卻是以對方做為代價。維持住自我界線，就無從取得或失去自我；就沒有必要，也不可能發生一方大幅度順應對方的情形。

○ 在**疏離**的模式中，從兩個或更多個自我拼湊出一個自我，這樣的意圖通常是從過度緊密的關係演變而來，關係雙方不舒服的感覺到達相當程度之後，最終會對這份關係產生厭惡感。疏離關係中，自我界線看似完整，其實不然。疏離是在起初緊密的關係中，一種失去自我的情緒性反應。保持完整的自我界線，疏離姿態便毫無用武之地。

○ **三角關係**模式中，成員試圖藉由另一份融合關係，將強烈的情緒投注在第三位成員身上，來彌補因為最初的融合關係所帶來的疏離。維護自我界線就能在一開始便減少自我融合的產生，也會降低關係焦慮。關係焦慮較低，對於疏離或（由疏離所延續而成的）三角關係的需要也就較低。如果人際之間的自我界線問題獲得改善，三角關係的情形和激烈程度都會減緩。

自我區隔是為新關係帶來興奮和愉悅的重要因素。情緒融合與關係模式均尚未成形，新關係因而免於模式帶來的焦慮，並猶如精緻水晶般耀眼。如果情緒自我的區隔獲得長時間維護，關係必能如鑽石般燦爛奪目。

平等

> 關係系統中，基本自我不可借貸──不因逼迫或壓力而改變、
> 不獲取認同，也不將個人立場強行加諸於他人。
>
> ────莫瑞・包溫，1972 年

　　理論上，自我分化程度或情緒成熟度相同的兩個人才會有興趣花時間相處。因此，在任何伴侶關係中，基本上會呈現出對等的情緒成熟度。有人或許會疑惑，如果是這樣，那麼過度高功能／低功能的姿態又是如何形成的？即使自我分化程度相當，任何伴侶關係都具備一種影響力，可以增長其中一方的功能運作，同時使另一方妥協。這是自我功能借貸的結果。到最後，其中一方的狀況比另一方更好，並且呈現不對等的運作姿態。

　　在理想的關係中，彼此平等是關係姿態的根基。在高度自我分化的關係中，平等已然存在，無須刻意培養。這種平等不是根據一個人有多少能力優勢而定，而是一種關係立場，是個別成員所採取的姿態。個別成員承認對方的才幹、責任、自由度，跟自己是同等的。互相尊重經常被視為關係成功的要件，而姿態平等正是互相尊重的基礎。雙方在平等的關係中，的確會為對方做事，也會依照興趣和能力分攤工作與勞務；但是平等之中，不會有模式化的過度高功能或低功能的姿態。

自我覺察力不足和功能無法平等運作都與性別無關。不平等的問題多半來自於個人自我觀感以及關係的長期運作方式，與性別、教育背景、社會階層較無關聯。此外，雖然責怪對方不平等，心理會比較好過，其實任何一方對於維持模式運作都難辭其咎。因此，如果雙方都能夠將自己與對方視為平等，就能改變現況。

自我分化、全盤考慮情緒系統和看清楚歷程的各項指導原則，會在一個人準備好要進入平等關係的時候，為人指出一條明路。到了一定的程度，連結性就不再影響任何一方的個體性，平等也不再受到威脅。隨著個人邁向完整與分化更佳的自我，關係中的不平等議題逐漸減少，自我交換而造成的不平等位置也逐漸消失。時刻留意關係中的情緒歷程，有助於一個人分辨自己會在什麼時候開始採取一種高於或低於平等的姿態。只要有一方體驗到關係的不平等，雙方對於關係都不會感到滿意。

開放

> 其中一種最為有效⋯⋯降低家庭整體焦慮程度的機制，是一種相對「開放」的關係系統⋯⋯開放的關係系統跟情緒切割相反；家庭成員彼此之間擁有適度而合宜的情緒交流。
>
> ————莫瑞・包溫，1974 年

　　尋求專業協助的伴侶最常抱怨的不外乎「我們溝通有問題！」溝通在關係中具有舉足輕重的地位，也因為溝通如此顯而易見，往往被關係成員視為最大的問題。然而，任何關係模式一旦發展到一定程度，有效溝通便無法運轉。針對溝通問題底層的模式進行改善，溝通問題多半自動迎刃而解。顯然，與其說溝通是個問題，不如說是一種徵兆，真正的問題在於關係位置本身。

　　關係姿態之間互有不同，每種姿態之內的溝通也相對有所差異。雖然不應將溝通與「問題」混為一談，但檢視四種不同模式如何影響溝通，卻可因此充分認識溝通。反過來說，檢視關係中的溝通狀態，就有可能辨認出溝通背後的關係位置。

　　最簡單的關係形式是感覺型的情緒關係。這種類型的關係形式是根據感覺更甚於理性思考，可見於動物之間或幼童身上，且僅呈現最低階的思考功能。這其中有一種單純的相互「施與受」關係，多半是根據生物感覺狀態而有的。許多成年人，即使大腦已經充分發展，但感覺和情緒的發展與這種單純形式的起伏仍然相距不遠。

　　情緒是所有關係中，持續被發送與接收的非語言訊號。臉部表情、肢體動作和手勢都在重要的關係中持續受到傳遞和體會。因此，就算並未有任何一方將非語言訊號轉換成思想和語言，仍然可以即刻受到激發而做出反應。

　　促使關係超越單純的情緒層次，語言溝通實屬必須。每一位關係成員都使用語言溝通思考內容，是高度自我分化關係的另一重要

特徵。進行語言表達時,每個人的情緒界線獲得表露或說明,同時受到強化。做自己是一回事,在關係或關係系統中向他人表述自我界定又是另一回事;但這卻是做自己不可或缺的一環。因此,自我分化較高程度的溝通,就成了彼此在觀念上因自我界定所形成的「施與受」關係。

關係雙方在觀念上所界定的「施與受」關係,因為受到相當程度的阻礙或扭曲,導致關係模式的形成。融合所產生的焦慮藉由模式呈現,並干擾了思考。以疏離模式為例,其中溝通嚴重受到限制。這當然不代表雙方毫無互動,而是兩人之間有一種情緒激發,會在雙方互動下產生。只不過這種互動是根據情緒而反應,這類反應只會進一步為溝通帶來更多限制。關係疏離的伴侶中,自然也有看似無話不談的,但都只談論一些彼此認為不重要的事情,並小心翼翼避開意義重大的議題。這類型的伴侶在空洞閒談的謹慎偽裝之下,往往對於彼此之間的真實距離渾然不覺。因此,在疏離的關係中,有意義的溝通越來越少,終至消失無蹤。情緒切割真正發生之前,或許語言溝通早已完全中斷。

所以,在理想的溝通狀態,對話是開放的、談論的是有意義的主題。那麼,從其他關係模式中,又能夠對於理想的溝通狀態獲得哪些認識?

衝突關係模式中,一方的情緒非常容易受到對方觸發,這些情緒會在兩人中相互影響,彼此責難。

　　由於這些行為所觸發的情緒程度很高，清晰思考幾乎不可能，雙方變得不顧一切，一心一意要將情緒性反應轉移給對方。由於雙方的思緒完全被對方所占滿，根本無法理性地聚焦在自己身上。雙方互相責難、指控，以「你……（如何）」做為陳述開頭，侵犯對方的自我界線；將「我認為……」這種冷靜而合理的說話方式拋至九霄雲外。

　　溝通想法必須在頭腦冷靜的情況下進行，情緒穩定才能產生可靠的想法。衝突中，有大量互動，甚至可能被當成是溝通想法，但是衝突中的「想法」太過情緒化，以至於所提出來的觀念，日後連自己都不會維護和支持。所以，理想溝通的第二項特徵自然不言而喻──**溝通不是出於情緒性反應**。

　　三角關係無論透過子女或另一位成人，都會大大限制重要關係中彼此的心思交流。雖然仍有心思產生，但所產生的心思都與第三方有關、針對第三方，或透過第三方（交流）。由於雙方進行接觸主要都是圍繞或透過第三方，語言溝通便完全為第三方所吸收。

　　以子女呈現症狀的個案為例，父母所有對話和念頭幾乎只剩下對於孩子的擔憂和焦慮。從旁觀角度來看，他們幾乎時時刻刻都在給予孩子勸說和指導。在成人捲入三角關係的案例中，例如外遇，兩位關係主角之間不可能擁有理想的溝通，因為情緒性反應阻擋了理性思考。除此之外，因為雙方不討論彼此的關係，都透過他人居中傳遞訊息。因此溝通的第三要素是直接。雙方必須能夠與對方對

話，也能夠談論跟彼此有關的事。

　　過度高功能／低功能的互惠關係是最具症狀特色的溝通形式之一，可能也很容易被當作關係的核心問題。關係中的一方「說」，另一方「聽」，以單向語言溝通為主。過度高功能的一方扮演主要溝通者，採取命令、規勸、說教、指導、闡述道理的溝通形式。

　　顯然，良好溝通的第四個特點是溝通的**相互性**。衡量相互性的一種可能方式，是評估長期下來雙方是否都擁有等量的說話時間和傾聽時間；另一個衡量方式則是雙方在保持「只對自己負責」並且「只表達自己的想法」的情況下，跟對方的談話能夠達到什麼程度。

　　現實生活中，夫妻對於關係的描述經常出人意料。他們會說，雙方多年來都覺得關係「蠻好的」或「還算滿意」。但是詳盡了解他們的婚姻史後，卻揭露了他們向來缺乏理想溝通的可悲情況。這種現象說明了情緒系統中的模式對於撫平焦慮是多麼有效。關係模式和其中無效的溝通方式，可以用來維持關係的動態平衡長達多年之久。

　　經由檢視四種關係模式，就可以勾勒出重要情緒關係中所能產生的理想溝通要素。這些要素是：直接、口語溝通、相互性，以及在重要觀點上不帶著情緒性反應地施與受。

　　這種溝通方式顯示出關係的高度分化，並且促進關係運作到達更高的境界。其中某些溝通雖然難免會出現關係模式症狀，但是由

於這類溝通方式為關係所帶來的影響力，仍然是十分值得努力的方向。

在理想關係的溝通歷程中，聆聽占有 50% 的分量。聆聽是積極的。出色的聆聽者似乎有一種心理能力，能夠在進入對方角色、為對方設身處地著想的同時，仍然維持從容淡定，因此可以更清楚明白對方所說的（也有能力即刻回到自己的角色中）。若非關係雙方都具備良好的聆聽技巧，便無法進行高度自我分化的溝通。

學習成為優秀的聆聽者，其困難程度恐怕不亞於成為一名溝通清晰、直接、不出於情緒性反應的表達者。訓練一名治療師成為合格的聆聽者，所需時間平均至少一年。

聆聽的重點在於一種能力，能夠從說話者的敘述中，分辨出他的焦慮。表達者的焦慮會對聆聽者造成干擾。因此，說話的時候，用對方聽得懂或聽得進去的方式是很重要的。進行溝通前，若能妥善處理個人焦慮，一般都會達到更為理想的溝通層次。在關係中一再「傾倒」情緒垃圾，是一種具有破壞性的模式。只要能夠承擔並且負責處理自己的焦慮，溝通便會有所改善。

說故事是讓別人聽見自己的絕佳方式。很多人天生就會說故事。有些人必須透過努力才能成為說故事能手。能夠把故事說得有聲有色是一項美好的關係資產。故事充滿創造性又饒富趣味，雖有過度使用之虞，卻往往能夠提供持久的觀點而無須任何人以「去自我」做為代價。我們不難揣測，在高功能層次的關係中，由於雙方

高度自我分化的緣故，其中的溝通運作可能具備了某些更為進化的特性。這裡要為初學者列舉部分特性。

基於思考的對話。由於各人承擔並負責處理自己的情緒，溝通就不會因情緒而呈現離題現象，亦即不會受到情緒影響而一再離題，也就有可能在對方在場的時候，把問題或討論的話題，正確跟隨著對方的思路徹頭徹尾思考一遍。對方所觸發的情緒較低，便有可能跟隨對方的思路。在這種情形下，雙方都比較有能力針對討論的主題，準確界定出自己最佳思考的結果並表達出來，而最佳思考則是由基本自我的原則所引導。

具有創意。雙方互相順著對方的思路徹底思考，個人的思考便會受到對方思考的啟發，這份關係因此便為雙方帶來正面的影響。雖然各自思考的時候居多，其實許多創意的想法都來自共同思考。

自我界定。高度自我分化的伴侶，雖然雙方都不需要借助他人完成自我界定，但他們的自我界定歷程卻能夠運用以思考為基礎的溝通方式來達成。向對方說明自己的想法或準確聆聽對方的想法，可以是自我界定方面一項嚴格的訓練。一個人在議題中的立場、觀點、信念，在這個過程中都會逐漸明確聚焦。學習在這樣的脈絡中，向對方僅僅界定自我，會讓「你」這個平日侵入他人界線的字

眼，在絕大部分的溝通中銷聲匿跡，並且會從「我認為⋯⋯」或是
「就我看來，似乎⋯⋯」的觀點出發，進行溝通。

　　具有意義。一旦雙方都體驗到對方是一個獨立而平等的自我，
就能夠很自在地將自我界定準確告知對方，其中也包括了自己在議
題中的個人立場。同時，由於溝通不會帶來情緒化的後果，雙方對
於充分溝通也感到更加自由。隨著情緒歷程中各項議題的改善，雙
方得以信任對方不會對於所溝通的事項做出情緒性反應，而是會去
思考。這樣的溝通確實為關係本身和各自的生活都帶來意義。

　　對於大多數有心追求理想關係的人而言，情緒區隔、平等、開
放溝通這三個要項都只能算是目標。為了分別了解這三項目標，研
究結果意外發現三者之間的高度相互依存性。越熟悉這三個要項，
就越明白原來區隔、平等、開放這三個概念幾乎是密不可分的。

　　例如，如果有人長期思考情緒區隔及所有相關的概念，那麼這
個人就順理成章地能夠具備平等和開放的溝通。或者如前所述，想
要在溝通中保持開放，卻不接納平等和情緒區隔的觀念是行不通
的。三者的相互依存性不僅是一種理論現象，實際著手改善其中一
個關係要項，會帶動其餘兩項的提升。

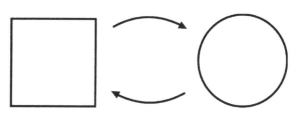

圖 11　區隔、平等和開放的關係

關係運作會隨著自我分化、系統思考，以及監控情緒歷程的各項努力而穩定改善。

了解理論與一瞥理想的關係則讓我們有可能進一步將理論落實在日常生活中。

III

邁向更美好的關係

> 目標是……寧願朝向更高自我分化的層級邁出幾不可見的一小步，也不要踏上相反的連結性驅力之路。
>
> ————莫瑞‧包溫，1976年

對大多數人而言，卓越關係與物理學的統一場論並列為世界上最令人費解的難題。這或許是因為打造真正成功的關係，須仰賴兩位高度自我分化者的共同運作；而多數人的自我分化程度運作僅位於中間等級。當關係中出現了伴隨情緒不成熟而來的長期焦慮，便會帶來嚴重破壞。

理論上，既然自我分化程度相同，兩人才會彼此吸引；那麼，如果關係不順利，任何一方對於造成問題都有 50% 的責任。因此，如果關係中任何一方增進自己的情緒成熟度，關係就會逐漸改善。改善的程度不會平均，因為雙方改善自我的時間點各不相同。一般而言，歷程的改善是由其中一方藉著改進運作或採取自我立場而啟動的。主動改變的一方，在短時間內不費吹灰之力就進步了。在此同時，另一方也會開始改善運作。跟一個正在自我分化（基本自我的層級正在提升）的人緊密關聯，卻不被帶動而提升自我分化，幾乎是不可能的事情。

換一種方式描述：在運作不順的關係中，兩個或多個自我在情緒上融合在一起，這本身就是令人痛苦的狀態。簡言之，因為任何一位成員的基本自我都缺乏完整的自我界線，很容易失去自我或是

從對方取得自我。要補救這個狀況，必須採取負責任的立場，也就是必須設定自我界線。如果一方著手改善自我分化程度，另一方最終也會調適並配合啟動者不同於之前、更高度的自我分化層級。

當其中一方開始設法從關係的連結性自我分化出來的時候，關係通常會經過幾個可以預知的階段。套用包溫的話來說：

「只要有任何家庭成員稍稍朝向較高自我分化的程度挪動，家庭系統就會受到干擾；該系統會自然而然移動，以便恢復到原先的平衡狀態。因此，邁向較高自我分化程度的任何一小步，都會為家庭系統帶來些許情緒騷動。這既然是預料之中的模式，那麼，沒有情緒性反應就足以證實自我分化的努力並未成功。家庭系統對於自我分化的反應有三個可以預期的階段：（1）「你錯了」，或者換湯不換藥的說法；（2）「改回來」，並且可能會以各種方式來溝通這個訊息；（3）「如果你不改回來，就會有這些結果。」如果進行自我分化的一方能夠不為所動、不自我防衛也不反擊，另一方的情緒性反應通常不會持續太久，事後也會以某種方式表示感激。」

包溫接著說：

「自我分化步驟最為鮮明的家庭心理治療案例，都來自於夫妻

會談。以下即為典型案例。有一對夫妻在家庭治療會談花了好幾個月討論婚姻中與連結性有關的多項議題。他們討論到：如何滿足對方需要、如何促成溫暖和充滿愛的關係、彼此如何造成對方失望，以及如何達成共同決定。他們發現隨著歷程推進，會持續出現新的爭論。

「後來，丈夫花了幾個禮拜思考他自己、他的職業生涯，以及他和妻子對於一些核心議題的立場。他的自我關注引發了妻子的情緒性反應。她的焦慮狀態大約持續了一個禮拜；這一個禮拜期間，她先是懇求他回到連結性狀態，之後轉為哭鬧和怒氣的情緒攻擊：指控他自私、自我中心、缺乏愛的能力、是個不合格的丈夫。她確信離婚是唯一的途徑。他讓自己維持冷靜，而且能夠一直與她保持親近的關係。

「第二天，關係便冷靜了下來。再回到會談室的時候，她告訴丈夫：『我很欣賞你昨天的作風，可是你也讓我很生氣。我本來很想忍住不說這些話，但還是有必要一吐為快。我其實一直都在觀察你，希望你不要退讓。我很高興你沒有因為我而動搖。』他們的連結性程度降低了，妻子開始往自我決定的方向邁進，接著是丈夫對於她自我分化的努力出現了情緒性反應。

「在這個案例中，丈夫的努力代表邁向更高自我分化程度的一小步。如果他因為妻子的要求而讓步或攻擊，就會滑落到與她相同的分化程度。他把持住立場的同時，她的情緒性反應代表

他分化程度的急遽拉升。這個理論取向認為，一旦雙方在基本的分化上有所提升，就不會回到原先的水平。在新的分化層級中，雙方對於連結性與個體性的態度都會有所不同，而且會說：『我們不再像以前那樣黏著對方，可是反而更親近了。以前的相愛方式是過去式，雖然有時候我會懷念，但是新的方式比較心平氣和，也比較妥當。我知道聽起來有些奇怪，可是就是這樣。』」

說來矛盾，改善關係是一種單打獨鬥的功課。或許很像是自我成長的感覺。要求別人改進是沒必要、不重要也不可能的。人總想嘗試改變別人，但是不可能。改變必須發自內心，並且為了自己的緣故而改變。一個人自我分化的努力有可能激勵他人自我分化，但是單憑鼓勵、催逼、勸說，卻無法促成他人自我改變。改變的動機必須全然出於自我。

許多人用坐雲霄飛車，也就是可預期的極端高低起伏，來形容自己的關係。

圖 12　許多人將關係描述為可預期的持續性起伏循環

自我改變的努力會讓高低起伏的情況趨於平緩。順暢運作的關係猶如高爾夫球場上一記完美的揮桿，心理工作與實地演練缺一不可。誰先開始自我改變並不重要，因為對方通常會報以善意的回應。「為什麼要改的都是我？」這是不負責任的說辭。當然，一個人要做的工作全靠自己努力，這是關係改善的源頭：形成融合需要兩個人，但是為關係解套、取回失落的自我卻只需要一個人。

個體性驅力在萌芽之初進展緩慢，但是僅需少許連結性驅力就能夠將它打回原形，並且掩埋相當長的時日。

————莫瑞・包溫，1975 年

　　高度自我分化的人享有最佳的人際關係，意指他們擁有充分發展的基本自我。如同我們所看見的，最重要的一點是，高度自我分化的人展現兩種與眾不同的特性：妥善界定自我界線，以及充分思考之後所發展出來的內在指導系統。

　　內在指導的思考系統是基本自我的一部分，是動機、決策與判斷之根基所在。自我分化程度較高的人，對於自己深思熟慮過的信念、標準、價值、優先順序感到自在。這不代表他們的信念、價值、優先順序以後都不會改變，而是在一定時間之內，他們對於自己的信念，以及為何有此信念是相當清楚的。他們對於新的資訊保

持開放態度，並且有能力根據新資訊做出改變。這種特質讓他們有機會活出有原則的生活。當一個人遵循內在指導系統的深思熟慮原則來生活，相對於盲目依循環境所設定的明顯或隱性原則來生活，兩者所擁有的品質、歷程和結果是截然不同的。這正是讓一個人在適當時機，說得出「不」的一項特質。換句話說，自我分化的努力將人從試圖迎合自己主觀認定的他人期待中解放出來，但是又讓人得以在情緒系統中，與他人保持開放的接觸。

充分自我分化的人，其內在指導系統能夠使他們不那麼在意他人眼光、是否被愛，以及是否光鮮亮麗。身為成熟的成年人，他們不再需要父母和父母的愛，自然也就不需要浪費生命以尋求他人撫慰。這項事實大大紓解了關係被迫承擔的外在壓力。

自我界線充分發展和界定清楚的人，其自我分化程度很高，這代表他們不會借貸或出借自我，不會在關係中失去自我，也不需要為了功能運作向他人借取自我。要研判自己是否在關係中大量失去自我，就要問自己一個重要的問題：「我花多少時間為自己和自己的人生道路設想，而不是總想著別人、關係或三角關係中的第三方？」

再者，情緒成熟或高度自我分化的人擁有充分發展的能力，得以在思考與感覺兩個系統之間做選擇。這項能力極為重要，因為當情緒被激發，便無法清晰思考。感覺系統的特點是，感覺來得快、去得也快；感覺是瞬間的事。如果人的一生都是跟著感覺走，他的

人生就會大起大落、陡然生變或缺乏方向。如果能夠運用意志平息焦慮感，有效思考便取代了焦慮。我們之中大多數人都必須用上全部心力進行全面性的冷靜思考，才能承擔得起人生中的個人問題和關係問題。

當一個人在思考與感覺系統之間做選擇的能力獲得改善，他對於他人情緒及關係之外的壓力都比較不會做出反射性的反應。做到這一點，便無異於提升了情緒成熟度，關係自然因而改善。

原生家庭中的自我分化

我認為一個人的自我分化程度在他離開父母、嘗試獨立生活之時便已大致底定。他日後所有的關係，都會傾向於複製父母家中的生活方式。就連要改變基本自我都不太可能，但是根據臨床經驗，我敢說緩慢的改變確實是有可能的，而任何些微改變都會為生活方式帶來不同的新面貌。就我目前看來，當一個人能夠開始分辨情緒運作與理性運作，並發展出運用這一類知識來獨力解決日後人生問題的方式，那就表示他已經度過了最重要的階段。

　　　　　　　　　　　　　　　　　　　──莫瑞・包溫，1976 年

我曾經給人建議：「如果你在延伸家庭中，能夠跟每一位仍然健在的家庭成員建立起一對一的關係，這會是你這輩子做過最能夠幫助你『長大』的一件事。」

有人說過類似這樣的話：「等你親眼看見家庭系統理論為你的家庭帶來的功效，你才會知道它並不平凡。」

————莫瑞·包溫，1975 年

一個人要從什麼地方著手，才可以成為那種看起來能夠吸引又維持平順關係的人？也就是說，要如何讓自己的自我分化程度提升一些？如果說只要對自我認識越多，或是自我調節的程度越好，關係就有多好，那麼一個人到底該如何針對這些重點予以改進？

如果改善人際關係有捷徑，這條捷徑就是在原生家庭中的各項關係上下功夫。事實上，如果不在原生家庭關係上下功夫，其他關係的改進似乎也十分有限。一個人自小成長的家庭是認識自己最好的地方。這有很多原因，其中一個原因是：關係中所展現的「自我短缺現象」（亦即自我借貸的傾向），可以回溯到原生家庭的早年關係。離家獨立之前能夠培養出多少的自我總量（亦即情緒成熟度或自我分化程度），成年之後的自我總量就是多少。所以，每個人身上的問題，都是老問題。

相同的歷程，在父母、祖父母或更早世代先祖的家中都曾經運

作著;「自我短缺」（不成熟、依附、不分化）是世代相傳的。那麼，為了提升個人成熟度，了解存在於延伸家庭成員之間的情緒系統，藉著與這些情緒系統產生關聯，並藉此訓練自己走出在其中來回流動的情緒模式會是最有用的方式。一個人對於自己長大的家庭系統了解多少，對於自我了解的程度就有多少。

與父母之間的三角關係往往是最難解的僵局。包溫在教導自我分化的時候指出，與雙親分別建立個別關係尤其重要。雙親之中有一位可能是發言人，因此或許是比較容易建立關係的那一位。很重要的一點是，一旦解除了與父母一方的關係張力，接著就要在另一位身上下功夫。目標是能夠與父母雙方都保持關係，在彼此的私事上保持開放、區隔、平等的姿態，而不陷入不相干的枝節議題，也不落入批評或說教。

因此，家庭聚會的目標之一，就是盡可能花時間與每個人單獨相處。回到原生家庭，往往有必要了解家庭系統模式和情緒是如何運作的，以及如何身在其中又能自我控制。最後，就會達到立場中立的境界。到了這個地步，「他們不愛我」就無關痛癢，並且能夠打從心底明白，當年他們已經就他們所知道的盡了最大的努力。

謹慎是必要的：許多人聽過包溫「回家」的概念，卻忘記了回家的目的，也不記得回家之後該如何自處的原則。有太多人回到家中，便進行控訴、參與對立，或試圖當別人的心理治療師，到頭來家庭情緒歷程更加激烈（並往往以關係切割收場）。在某些案例

中，因為試圖改變他人而不是改變自己，就真的把好好一個家搞得四分五裂。

對於大多數開始進行自我分化的人來說，這已經成了一輩子的功課，而這項歷程通常依循幾個可以預見並一再重複的步驟。以下簡短摘要在原生家庭中，經過多年努力自我分化之後，通常會發生哪些事情。

展開這種歷程的有效起點，就是設法在自己的原生家庭中，跟每一位成員都發展一對一的關係；還要對於現存和發展中的三角關係、衝突、疏離、過度高功能／低功能的互惠模式都變得有所覺察，並且逐步進行改善。什麼地方出現了關係切割，那麼恢復接觸就是唯一的目標。當然，完全不受家庭模式與情緒張力影響的人少之又少；多半就是因為深陷其中，才會有改善的必要。但是有了深思熟慮、全盤思考、努力改善，通常再加上專業教練的協助，假以時日，一個人就會越來越能夠既置身「情緒之外」，又可以同時與系統中每一位成員保持接觸。

接觸之後，接下來會有助益的可能是：退開一步，觀察家庭中的情緒歷程和模式化的情緒性行為。保持心平氣和會帶來最佳結果，並且讓人盡可能客觀地看清楚呈現於家庭系統中的情緒模式及其觸發因素。人們有時候會將此視同科學家鎮定和客觀的精神。用這種態度，一個人很可能一輩子第一次「看見」家族世世代代以來重複出現的模式。以關係切割為例，觀察階段有助於讓一個人理解

（至少可以達到某個程度）造成關係切割是不可避免的，以及讓切割持續存在的情緒性反應本質。

了解家庭如何處理其中的情緒之後，就可以擬定一套經過深思熟慮的計畫，找到跟這個情緒系統建立關聯更為成熟的方式。這一套深思熟慮的計畫對於「回家」是否成功至關重要。沒有這套計畫，「回家」之後仍然會在家庭情緒模式和歷程中繼續扮演與過去一模一樣的角色。有了審慎的思考和計畫，甚至事先演練，就可以學習在模式中以不同的方式扮演自己的角色。

在原有家庭模式中，以不同方式扮演自己的角色是下一個重要步驟。也就是在與家庭成員的互動中，當慣性情緒模式又要開始發作的時候，要努力讓自己依照計畫和排練的方式，心平氣和地回應。了解自己的家庭情緒歷程已經夠困難了，而身處其中又要同時改變自己的情緒運作方式就更不容易。這些生存模式早已行之多年、一再重演。全家人都在各自的角色中，不由自主、同心協力地走向必然的結局。這種改變工作難度之高，或許能夠說明為什麼當改變有了成效，就能夠看到生命的改變。

在自己的家庭中進行自我分化，最困難和可以稍加預期的部分就是面對家庭系統對於改變的情緒性反應時，能夠管理並調節自己。當一個人在情緒模式中不去扮演他（她）的慣性角色，或者做出脫離家庭情緒系統束縛的動作，系統就會以五花八門的強烈情緒表達做出反應。這些表達可能是以威脅或批評的形式出現。在家庭

的三角關係中，表達可能會更為激烈。然而，如果一個人設法與不同的家庭成員保持冷靜接觸、繼續與家人聯繫、不隨著家庭成員的情緒性反應起舞，那麼這些反應就會逐漸平息。同時，實行自我分化的成員對於更高層次的自我運作，也會逐漸有所覺察。

實行自我分化的成員，後來往往會在家庭中被賦予不同的位置。其他家庭成員則會因為豐富的觀察心得，而顯示出加入自我分化成員、進入更高層次運作的跡象。

相同歷程若重複多次，將會改善實行自我分化成員與家人的關係，家人以外的其他關係也會好轉。改變模式化的反應方式，並且在家人之間移動位置是一項不容易的功課；因此，一旦有了進步，基本自我便產生根本上的變化。努力帶來的變化是看得見的：當一個人能夠傾聽而不自我防衛或攻擊對方，並且避免對抗或衝突，就表示他以後在立場中立與減少情緒性反應方面還會有更多的提升。

如果能夠對於曾經在自己老家居住過的各世代成員有所了解，回家的功課做起來會更有成效。從早已不知蹤跡或過世的親人身上可以獲得的訊息多得讓人驚訝。此時家庭圖十分切合需要，這類圖表不僅標明每位成員在核心家庭中的位置，更同時圖示了地點、教育程度、健康狀態和職業等重要事實。出生日期、遷居、死亡、移民也都記錄在家庭圖中。因此，家庭圖成為摘錄了大量資訊的重要文件（參見 172 頁）。

完成資料記載之後，往往可以從仍然在世的年邁家族成員身

上，找出那些與核心家庭成員以及與關係模式相關的情緒因素。年邁成員和家族世交所說的故事，或許能透露出某些傾向，例如代代相傳的主題——成就、衝突、疏離、暴力或關係切割。這一類調查最後會呈現出家庭成員之間的關係模式，整個家族樣貌則因為關係模式而生動、鮮活起來。

如果目標是認識自己和改變自己的模式，那麼最有收穫的方式就是放下家眷、單獨回到延伸家庭。如果和父母相處時的情緒性反應太大，可以暫緩這部分的自我分化工作。不妨拜訪父母的原生家庭，盡可能了解他們的父母、兄弟姊妹及這些親屬的家人。這些努力會非常值得。如果這些親戚已經過世，有時候還是有可能找到跟父母比較有感情的人，好比說母親的閨蜜可能曾經在母親的情感領域占有一席之地，可以提供有用的訊息。

陷入情緒切割的人，就算明明知道努力提升自我分化的好處，有時候卻受到阻礙。陳年遺恨、往日傷痕或情緒模式都會阻礙進步。認識家庭系統理論有助於跨越障礙。目前的關係切割只不過是整個家族情緒切割的傾向在這一世代的版本，而整個家族情緒切割的傾向可以上溯到前面好幾個世代。如果在事情變得不容易的時候，能夠跨越這種情緒切割的家族性傾向，不但自我會獲得根本上的改變，下一代的關係切割傾向也會得到修正。

當一個人接觸自己的家庭系統，同時針對整個系統全盤思考——盡可能拋開因果思考、責難和批判，看清楚整個複雜的局

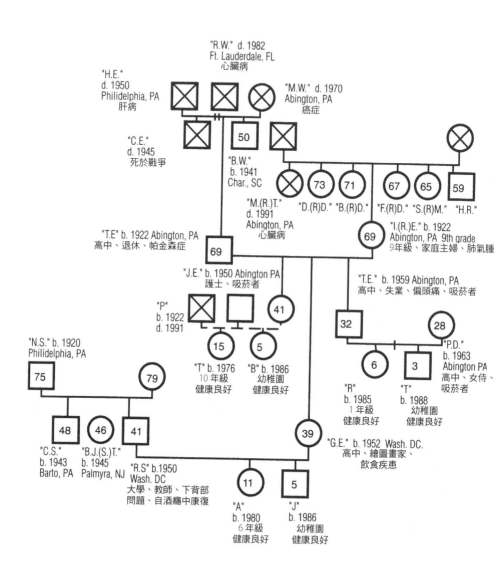

圖 13　多世代家庭圖

面。盡力擴展所能看見的全局,常常會讓人越來越接納每一位家人。這份接納來自更廣闊的觀察角度,不帶批判性,也沒有競爭性。

請記住很重要的一點,在原生家庭中提升自我分化程度,不是要我們為家人進行心理治療或家庭敏感度訓練。這不是討論議題,也不是把過去的不尊重、怨恨、虧欠拿出來重翻舊帳,更不在於「分享」或宣洩情緒,而是要將大部分注意力放在自己而不是別人身上,是在自己的家裡朝向更為自在和負責的層級邁進。在某些家庭中,進行自我分化或許無須多費唇舌,有些則有其必要。簡言之,**努力自我分化意味著在原生家庭關係中,成為更好的自己。**

針對氣氛平和的家庭與火藥味較重的家庭,應採取不同策略。在氣氛平和的家庭中,有時候必須攪動情緒,以便看清楚三角關係和情緒歷程。然而,在情緒較為緊張的家庭中採取同樣策略,卻會惹禍上身。

對於主動在原生家庭進行一對一自我分化工作的人而言,此一影響甚為深遠的冒險,往往能為生命帶來改變。越來越多臨床證據顯示,改善跟自己一起長大的人之間的關係,對於自我的改變遠遠超過在心理治療會談室中討論這些關係所能帶來的影響。許多接受這項挑戰的人表示,無論是培養個人能力或改善任何人際關係運作,這樣的努力都十分值得也頗有回報。

管理
關係中
的
情緒我

17

朝向自我分化是生物內建的本能驅力，而同為本能的情緒驅力
則與之對抗。

將情緒系統和理智系統的運作分別比喻為大腦的結構與功能，
這是相當準確的。

———莫瑞·包溫，1976 年

如果一個人有機會影響的對象只有自己，那麼關係議題產生
時，該如何管理自我？在關係中管理情緒我又是什麼意思？

一直到現在，自我管理這項議題可以在心理治療中獲得解
決，這一點依然受到重視。例如，若有人因為昔日的關係而對治
療師產生了強烈感受（移情作用），那麼這些情緒可以藉由心理
會談來處理，此種努力被視為影響一個人在所有人際關係中的人

174

格模式。

　　但是在新的理論中，如果對於治療師或其他人的強烈情感是基於過去的關係而產生，那麼要處理這些強烈的情緒，最好是在形成這些情緒的原生家庭情緒系統中進行。如果關係出現了問題，就要處理關係。在關係情境脈絡（而非治療中）進行自我管理的人，他們一直努力的就是讓自己被問題環繞時，能夠情緒中立。

　　除了在原生家庭中致力於自我分化之外，自我調節訓練對於提升情緒我的管理也大有助益。

自我調節訓練

> 情緒運作與理智運作，兩者之間天差地別。處於壓力階段仍然能夠在理性運作上保有相當自主性的人，具有較佳的彈性和適應力，而且較不容易受到他人情緒影響。他們較善於因應生活壓力，人生歷程較為成功有序，並且很明顯地沒有人際方面的問題。
>
> ————莫瑞・包溫，1976 年

> 生理狀態的每一項改變都伴隨著一項心理—情緒狀態應有的變化……反過來說，心理—情緒狀態的每一項改變……也都伴隨

著應有的生理狀態變化。

————艾茉兒‧葛林（Elmer Green），1969 年

自我認識是高層次關係技能發展的必要條件。也就是說，若有人盡可能密切關注自我以及自我在不同分化程度中的情緒性反應，就有能力針對適用於所有關係系統的事實基礎發展出一定的掌握程度。無怪乎數千年來，瑜伽修行者對於以控制自主性身體功能做為精神修鍊的興趣與操練持續不減。

一九一〇年，德國精神科醫師約翰尼斯‧舒茲（Johannes Schultz）結合催眠、醫療研究和邏輯方法，發展出一套名為自律訓練法（Autogenic Training）的自我暗示放鬆訓練。他建議六項練習，分別為：重感練習、末梢神經的溫感練習、心臟調節練習、呼吸調節練習、腹部溫感練習，以及額頭涼感練習。運用這六項練習，他在注意力、意識、思想、情緒方面的變化，獲得了相當程度的控制。

拜現代科技之賜，儀器得以連接身體各個部位，針對各項生理變化與意識提供反饋。這使得受試者有機會在更短的時間內便熟悉這些練習。一旦將非自主性歷程帶進意識層面，就能大量促進學習。仕行為科學發達的今天，生理回饋的發展提供了訓練方法，使得看似缺乏彈性、不由自主的反應得以獲得修正。

肌肉放鬆與焦慮無法同時存在，因此生理回饋訓練成了用來擴

展個人在感覺與想法之間選擇立場的一種方式。這種方式介入一個人的情緒與生理模式、改變兩者的方向，並且為個人的反應帶來更多彈性。因為有太多關係上的難處是源自未獲充分處理與管理的焦慮，任何有助於管理焦慮的工具都能夠自然而然地促進關係。

目前，生理回饋訓練包括三大領域：（1）減少橫紋肌張力，（2）訓練提升表皮溫度，以及（3）增加腦電圖（EEG）紀錄中，阿爾法節律（alpha rhythm）的百分比。腦電圖用以測量大腦電波模式。其餘領域仍待繼續開發，可望未來能夠使用。

任職於梅寧格診所的艾茉兒・葛林博士與艾莉絲・葛林（Alyce Green）博士說過一個關於表皮溫度訓練的故事：

「在我們看來，心理治療元素似乎與每一項體溫訓練的運用都有連帶關係。我們希望這樣的觀察能夠獲得充分研究，讓患者理解身體非自主的過程，一般在無須經驗到自我形象調整的情況下，不可能獲得相當程度的控制。我們第一次注意到這一點是在 1970 年科學日計畫的一項示範中，受試者是梅寧格基金會董事會的成員。他在一組基金會成員面前使用預先指定的自我暗示用語，身上則連接著溫度反饋儀器。當受試者說到『我的手很溫暖』的時候，他的體溫開始降低，在幾分鐘之內下降了好幾度。受試者一直到了示範接近尾聲，我們詢問他在示範過程中體驗到什麼感受的時候，他才知道自己的體溫降低了。

他的回答是，他感覺到手指開始發麻，而這個感覺讓他回想起幾年前在自我催眠練習中曾經學習讓自己的手指變麻。他因為『麻就是溫暖』的念頭，就『真的把手變麻了』。原來這就是癥結所在。在他的案例中，『麻』等於『降溫』。但事實上，示範並未造成體溫降低，他才是讓體溫下降的真正原因。

「兩個月後，他出乎意料地寄來一封信，告訴我們那 15 分鐘示範是他生命中最重要的事件之一。他說，在那次之前，他一直不太相信自己真正能掌控些什麼。但是就在過去兩個月，他有能力甩掉 12 磅（將近 5.5 公斤）體重，而且現在每天上班不到一個小時，就能夠將辦公桌上所有文件處理完畢。這些都是他以前辦不到的。這類型的自我形象改變，在接受生理回饋訓練的案主身上屢見不鮮，雖然有時候要好幾個禮拜，案主才會有所覺察。在許多案主身上，一如上面的例子所述，體溫控制訓練的目的是協助案主重新整理自己的生活。雙手是否溫暖並不重要，獲得自我掌握感才是重點。如果以數學術語來表達自我掌握感，應該可以稱為『賦能公式』。自我掌握感賦予案主採取各種正向行動的能力。換句話說，體溫控制訓練及別種回饋訓練的收穫並不僅限於生理層面。」

兩位葛林博士繼續說明這類訓練通常能帶來改變的其他方式：

「在有意識的情況下，某項不良的生理和心理習慣被一項好習慣取代之後，案主便不需要時刻保持警醒。大家都知道，橫紋肌在我們學開車、玩樂器的時候就是這樣發生作用的。自律神經的運作也是如此。當一個比較放鬆自若且警醒、敏銳的生活方式成為習慣，有意識的操練便不再必要；因為已經成為一種生活方式。這樣的生活方式是我們為案主設定的訓練計畫目標。無論案主的問題是什麼，高度成功率會讓這項訓練值回票價。」

「橫紋肌」一般指的是接受自主控制的肌肉。顧名思義，橫紋肌在顯微鏡下呈現條紋狀，並且接受意識控制。一般認為橫紋肌系統相當容易接受訓練，就如運動的例子。相對地，自主（或稱不隨意）神經系統則與隨意控制毫無關聯。自主神經系統使得心臟、血管、支氣管，以及任何由平滑肌組成的器官得以自動調節（「平滑肌」同樣因為顯微鏡下的樣貌而得名）。

除了練習瑜伽的人之外，一直到最近才有人認為自主神經系統是可以受到控制的。生理回饋技術將一般無法以意識監測的部分引入意識過程，使得幾乎任何人都有機會學習到控制和調節自主神經反應。

學習在感覺與情緒之間做選擇，生理回饋訓練是很有效的工具。當關係或自我遭遇特殊壓力期間，自律訓練對於妥善因應生活

危機的能力影響甚巨。這項訓練不僅提升一個人從心所欲、自我安適的能力，更讓人因為有能力平靜焦慮而得以清晰思考，採取合宜的行動。關係系統的證據，如以核心家庭為情緒運作的一個單位，在生理回饋實驗室中一覽無遺。監測可同時施用於全體家庭成員，使我們有機會看見情緒在團體中如何傳遞。越來越多證據顯示，在關係姿態和三角關係中，每一個人的生理狀態都有著千絲萬縷的牽連。

從心所欲、保持放鬆的能力，也就是面對伴侶焦慮而能夠保持冷靜與深思熟慮的能力。伴侶表現出焦慮時，能夠保持冷靜，使得許多情緒高漲狀態不至於升高為關係危機。此外，選擇情緒與生理的能力以及控制焦慮的能力，則隨著個人對於情緒性反應模式的自我挑戰而界定了自我界線。自我控制是所有區隔但平等、運作良好的關係的特徵。

我們從十五位試圖擺脫處方鎮靜劑與安眠藥劑成癮的案主身上，藉由其關係脈絡中的姿態與焦慮來理解他們的成癮行為。毫無例外地，他們都在重要的關係中居於功能不足的位置。然而，關係焦慮卻因藥物戒斷所帶來的高度焦慮症狀而放大了數倍。十五個人當中，有三位借助生理回饋放鬆訓練來改善戒斷現象。

這三位案主的幾個與眾不同之處在於：他們因恐慌而聯絡心理治療人員的次數比其他人少得多。他們與團體中其他案主所經驗到的戒斷焦慮並無二致，但是藉由運用訓練學習到不同的反應方式，

便能夠撫平焦慮而無須借助藥物。最妙的是，他們表示，透過運用生理回饋訓練得以控制感覺狀態，他們越發能夠在關係中平等運作。如此一來，他們直接致力於改善的，正是最初導致成癮的根源問題。

放鬆訓練究竟如何改善關係功能？這些成癮人士描述，當關係模式發作、成員挾帶焦慮的時刻，自主肌肉系統變得緊繃，讓焦慮加劇，然而放鬆的回應方式干擾了焦慮。降低焦慮才有可能維持思考。在焦慮的關係場域中進行思考的能力，使人在關係中得以保有更多自我。

穆先生說明：「現在，當主管向我施壓、苛責我的時候，我停留在放鬆狀態的時間變長了。也許並不是在他一開口的時候我就能夠放鬆，不過通常很快就可以做到，並且能夠思考我要如何反應才合宜，以及什麼可以做、什麼不可以做。我能夠以冷靜的態度接近他，並且提供經過慎重思考的答案。他變得通情達理，這讓我很驚訝，我的意思是，一個人心平氣和竟然可以影響另一個人的心情。我跟女朋友的關係也是如此。當她開始越俎代庖、規劃我的生活的時候，我可以在心理上退後一步、放鬆一下，不會突然中斷溝通，而是保持思考。我可以判斷自己在想什麼、我想怎麼做或不願意怎麼做，還有其中的理由，然後回應她。其實，她似乎蠻喜歡我在關係中更主動，現在也逐漸抓到要領了。每當我再度陷入舊有模式、向她開口尋求不必要的忠告時，她通常會開個玩笑，讓我知道她想

到了關係模式，並且設法不陷入其中！」

　　雖然生理回饋訓練對於自我成長很有功效，也對關係具有正面的影響，但是它與數種疾病之間的關聯仍然持續進行更為徹底的研究。有充分的證據顯示，氣喘、高血壓和頭痛等生理情況對於生理回饋訓練都有不錯的反應。目前在糖尿病方面的研究也有令人振奮的結果，而阿爾法波訓練則被運用在提升創造力上。

　　生理回饋讓我們看見情緒、生理和關係三者之間的相互作用，遠比我們以往所知道的要多得太多。除了提供這些知識，它也成為修正這種相互作用十分有力的新工具。

處理感覺和因應危機

反射（reflex）這個專業術語用得十分貼切，因為反射並不是經由自主和意識所產生。情緒反射就如膝蓋反射，在一定的觀察範圍內及意識控制下，是可以運用特定的使力方式來控制它。

————莫瑞‧包溫，1973 年

從佛洛伊德開始，治療師對於「我該拿這些感覺怎麼辦？」這個問題的答案向來只有一個，那就是：「一吐為快。」這個方法當然適用於會談室。如果一個人能夠向專業聆聽者傾訴，通常都會帶著比較愉快的心情離開會談室。

問題是，出了會談室、想要在關係中藉由傾吐感覺來管理情緒，往往讓關係承受了超過它所能負擔的情緒張力。當然，還是會有適合在關係中處理感覺的時機。只不過，如果關係成了頻繁傾倒感覺的首選場域，這樣的關係往往會觸礁。

處理感覺最好的方式，莫過於個人透過大腦來思考。這個方式使得為自己的感覺負責有了一層新的意義。個人究竟如何處理感覺反應？處理過程至少包括以下幾個步驟。

1. 觀察感覺狀態。在心理上退開一步，觀察並感受內在狀態，身體哪個部位有傷痛或緊繃的感覺？

2. 盡快恢復心平氣和。「盡快」指的或許只是大哭一場，但是只要找到了感覺在身體上的位置，就要立刻讓這個感覺從身上離開，不要讓任何緊繃的情緒延續下去。慢慢做兩、三個深呼吸，放鬆肌肉或是做運動都有助於恢復心平氣和。人們往往在恢復冷靜之後停止繼續改善，但是理想上，冷靜才是改善工作的起步。人一旦冷靜下來，就有能力思考。

3. 思考一下（想想看）：
　　A.是什麼感覺受到觸動？
　　B.是什麼觸發了感覺？找出焦慮發作的時間點，有助於確認是什麼觸發了感覺：焦慮是從什麼時候開始的？焦慮發作前，發生了哪些事情？運用這種相對細膩的方式，可以找出是什麼觸發了感覺。
　　C.以前經歷過這樣的觸發或感覺反應嗎？換句話說，它是一

種模式嗎？如果是模式，這個感覺模式和什麼有關？拒絕？還是競爭？在過去認識的人之中，有誰是有這個反應的？換句話說，這是重複性的反應嗎？

D. 在這個特定的觸發情境中，這是一位成人合宜的反應嗎？

E. 如果這不是自己想要的反應，那麼：

4. 有其他選項嗎？是哪些選項？ 在腦海裡排練這些選項會很有幫助。

5. 在腦海裡及真實生活中經常重複這些新的反應方式，有助於促使這些反應變成更自動化的反應。 到後來，在工作、友誼，乃至於最重要的原生家庭，這些在關係中的重複性會以不同而更為合宜與實用的模式，取代原有的感覺模式。

在關係中自我管理的一個主要目標是：能夠較少回應周遭的感覺狀態，除非是個人主動選擇要這麼回應。同時，能夠保持開放溝通、維持與他人的接觸。一旦做到了這些，便得以保持自我界線的完整。

接下來，將處理感覺所採取的步驟摘要如下：

○ **觀察**自我內在和系統的情緒狀態，以及觸發點。

○ **思考**觀察所得，並設法理解。

○ **行動**。單純透過理解模式，無法改變模式。

因應危機

> 人類現象充滿了嚴肅和悲劇性，但是在大多數沉重的情境中，
> 同時存在著喜感和幽默的一面。
>
> ————莫瑞・包溫，1971 年

　　每個關係都會走過某些特定的壓力階段，這種現象在有人進入或離開關係系統並涉及重要的關係時最為明顯。這一類壓力包括結婚、生子、家人亡故、離婚，也就是所謂的「交點事件」（nodal events），在這些壓力階段中，系統內部焦慮上升，但是其他類型的壓力也足以嚴重影響關係緊張程度，亦可稱為危機。

　　危機是指一段時間內的快速改變，也就是轉捩點，個人生活功能有時候會在這段時間內產生永久性的正向或負向轉變。臨床證據顯示，關係功能運作也有可能在危機期間長期提升或降低。

　　包溫寫過關於擾亂家庭系統的事件：

> 「單位的動態平衡會因新增或流失成員而受到干擾。決定情緒性反應的強烈程度，則是當時家庭情緒整合的運作程度，或是

新增和流失成員在家庭中的重要性。例如，孩子出生可以擾亂情緒平衡，直到家庭成員能夠配合孩子，重新自我調整為止。祖父母來訪可能會帶來暫時性的情緒動力移轉，但是住在同一屋簷下的祖父母，卻可以改變家庭的長期情緒平衡。能夠干擾家庭動態平衡的失落是實質性的失落，例如孩子出門上大學，或成年子女結婚離家。還有所謂功能性的失落，例如重要家庭成員因長期疾患或身體損傷，導致無法承擔家庭重擔。另外是情緒上的失落，例如家裡少了舒緩家庭氣氛的搞笑成員；一個由輕鬆歡笑轉變成嚴肅沉重的團體，就不再是相同的有機體。家庭需要多少時間建立新的情緒動態平衡，取決於這個家庭的情緒整合程度及干擾的嚴重程度……試圖讓家庭在轉變的節骨眼上表達情緒，未必有助於情緒整合的提升。」

包溫將「情緒震波」（emotional shock wave）描述為一種足以對家庭系統造成延續一段時間影響的事件。

「情緒震波最常發生在重要家庭成員過世之後，然而，經歷過死亡威脅，影響也幾乎同樣嚴重……有一位 60 多歲的奶奶……接受乳房根治切除手術之後兩年內，在她的孩子及他們各自組成的家庭中，出現了嚴重的連鎖反應。其中一個兒子開始生平頭一遭酗酒，另一個兒子的太太嚴重憂鬱，一位女婿經

商失敗，另一個女兒的孩子們捲入駕駛事故和少年非法行為。有些症狀一直持續到宣告奶奶根除癌症之後五年才消失。」

當情緒系統受到焦慮強化，系統內部個別成員的思考、行為和適應力也都會受到影響。關係模式一旦出現，便有越演越烈並容易演變為不由自主的反應。焦慮升高的階段當中，思考更加困難；人們可能會出現自己並不以為然的言語或行為。彈性是一個人適應情境變化的能力，會因為焦慮升高而降低，需要比平時更努力來管理個人本身和關係中的情緒。

在不尋常的壓力或壓力升高期間，標準的「減壓技術」，如施行較平日更為大量的身心放鬆會有幫助。肌肉方面的身體放鬆能減緩焦慮並促進腦部清晰。運動和輕鬆有趣的活動均可大幅降低焦慮，無論單獨進行活動或與眾同樂都可以。處於危機時期，每天的時間都好像不夠用，因此更應當刻意規劃這些活動。

放鬆和休閒相當重要，找到方法並藉此制衡危機中的活躍度是必要的。隨著危機的漸進發展，在系統中與所有富有意義的關係保持心平氣和的接觸，是一項充滿活躍度的歷程。要理解一個充滿焦慮的系統，第一個步驟就是安靜觀察，這具有撫平情緒的效果，也有可能以深思熟慮的方式使危機獲得解決。

話說回來，如果不採取行動，就無法解決任何事情。思考絕對有其必要，但是行動——基於思考的行動也有必要。另一方面，單

憑情緒採取行動，到頭來往往比完全沒有行動還要糟糕。

　　危機期間，不斷在「有意識地處理自己的感覺」這件事情上下功夫，將會為關係帶來莫大好處。這意指不要繼續在關係中傾倒沒有必要和未經思考的情緒垃圾，方有利於培養出為自己的感覺和反應負責的習慣。這不表示我們在危機時不需要別人，也不代表不可以為了雙方的益處而在關係中處理某些感覺。相反地，這是更明智運用關係的一種請求。畢竟，重要他人不可能真正代替我們處理自己的感覺。處理感覺終究必須仰賴自己完成。為自己的感覺負責，意思是學習擴充自己處理這些感覺的能力。經過這樣的歷程，就會生出必要的冷靜，變得心平氣和，能夠在危機中思考出路。

　　因此，在快速改變的期間，個人與關係兩者的功能運作都會永久朝向更為正向或負向的方向變化。一個人在危機中處理情緒我的方式——無論是觀察系統中情緒歷程的能力，還是運用其中訊息的能力、思考各種選項的能力——都深深影響這個人的決策、人際關係，以及運用這個事件來提升自我分化程度的可能性。

打破關係的十大迷思和改善關係的十大途徑

19

我並不認同諸多關於人類家庭理論的錯誤詮釋，但我也從來不樂意告訴別人該相信什麼。

————莫瑞‧包溫，1988 年

大多數人帶著幾個迷思進入關係。以下是一些常見的誤解。

1.「對方會使我幸福。」
幸福（以及追求幸福）是一項個人課題。自己的幸福感可能會因為對方而有所增加或減損，但是擁有或欠缺幸福的主要責任仍然在自己身上。

2.「我可以改變對方。」（或者試圖改變對方，聽起來可能像這樣：「你如果在乎我，就會……」）

這兩種都是嚴重觸犯界線的說辭，也註定讓人失望。大部分關係都承受不起這樣的重擔。放棄這些信念或許不容易，但是越早做到，關係就越能夠走向幸福。至於達成幸福，改變只能透過自己，也只能為了自己。

3.「自我分化的人一定是冷酷而缺乏感受的。」

對於多年以來習於認定要在關係中暢所欲言，表達自己所有的感覺才代表關係功能良好運作的人而言，他們可能會把「在思考與感覺系統之間做選擇」聽成了「以理性抵禦感性」。然而，即使是在最高的自我分化程度，也可能做出順從感覺系統的選擇。在合乎邏輯的理智歷程中，個人焦慮程度相對較低，這和不合理、不一致、言語完全出於理性知識的歷程極為不同，後者其實是思考系統與情緒系統融和，並且完全為焦慮所淹沒。

4.「用情緒回應伴侶的焦慮是我的權利。」

說出這句話的理由通常是：「很難不用情緒性回應。」接著還補上一句：「憑什麼都是我在努力？」用焦慮回應焦慮會導致焦慮升高、加劇和不穩定。相反地，試著將對方的焦慮狀態，以及他在焦慮狀態中的行動、言語視為他的「情緒垃圾」，或許更有幫助。最有用的莫過於在心裡對垃圾做出應當做的事——把它扔出去！

5.「這段關係永無改善之日。」

如果有人對此深信不疑，關係就多半不會有所改善。但如何得知是否有所改善？即使只有一方改變，關係運作都可以提升到更高的層次。因此，關係中的任何一方隨時可以單獨讓事情有所轉變。

6.「我已經用盡最大所能改變自己，但是情況毫無改善。」

人活著就是要改變，所以「已經用盡最大所能改變自己」這句話幾乎不能成立，除非這個人已經一命嗚呼哀哉。何況，兩個人不可能同時改變，如果其中一人已經真正做到了提升自我分化程度，就必須要有更多耐心，讓關係有時間去適應成熟度的改變，容許對方有時間提升並進入新層次的運作。這些都會帶來很大的不同。

7. 每當其中一人有了一吐為快或宣洩情感的「需要」，另一方就得傾聽。

認為談論感覺是改善感受的唯一方法，或是認定關係是為了處理感覺而存在，這兩者都是常見的錯誤觀念。雖然對於任何運作良好的關係來說，溝通都是優先要務，但這種態度對於界線卻缺乏尊重。一方既有權利隨時要求溝通，另一方就有不溝通的權利。

改變感覺狀態的方式有很多。感覺具有來去飄忽不定的本質，一吐為快只不過是改變這種狀態的諸多方式之一，然而如果是唯一的方式，恐怕沒有任何關係能夠忍受得了。如果有人能夠承擔起處

理感覺的主要責任，並有選擇性地將感覺帶入關係之中，這份關係就會有所改善。

8. 過度擔憂自己或對方的過去，對於關係往往是一種打擊。

表達對原生家庭的不滿有助於個人成長的信念也十分普遍。然而，如果歸咎過去可以解決問題，那麼大部分的關係（尤其是原生家庭中的關係）都應該有所改善才是。

9.「如果你不像我的母親那樣愛我，你就根本不愛我。」

唯一能像母親那樣愛你的人，也僅有她一人。

10.「我可以切斷跟延伸家庭的往來，但是仍然擁有良好的關係。」

這對於有些人來說或許可行。但是就理論而言，與原生家庭的情緒切割累積太多因素，足以嚴重破壞核心家庭或其他現有的關係。

改善關係的十大途徑

「我立場」（I position）是以「這就是我的想法或信念」以及

「我會這樣做或不會那樣做」來界定自己的原則與行動，並且不以個人的價值觀或信念侵犯他人的價值觀或信念。

————莫瑞・包溫，1972 年

這裡是將包溫家庭系統理論觀念成功應用於主要關係的一些典型陳述：

1.「努力促使自己情緒冷靜和思想上的客觀，這使我能夠更清晰思考，言語和行動因此都更有建設性，也為關係中的情緒氛圍帶來具體的影響。」

沒有必要成為他人情緒氛圍的受害者，充分扮演自己在關係中這 50%的戲份，便可以形塑自己想要的氛圍。

2.「當我能夠在關係模式中觀察自己，並且在其中改變自己的角色而不對他人有所期待，這就是我在關係中的最佳狀態。」

對大多數人而言，為自己承擔責任是一項全天候的工作，這可能是關係中比重最大的一項任務。

3.「與系統中每一個人保持接觸、維持一對一的關係，對我而言很重要——它給了我一種從其他方式中無法獲得的紮實感。」

在家庭系統中陷入切割模式的人，會試圖將相同的模式帶入下

一代。毫無例外地,他們會發現這種關係運作形式,對他們和上一代的人都同樣不管用。情緒切割系統是一個很緊繃的系統。強烈的情緒日積月累下來,終究會轉變成關係中的種種難處。

4.「誰先主動接觸誰或者誰比較主動,其實都不重要,重要的是有了接觸。」

人要在場並且承擔自己的責任,或許有時候會讓人感到自己的努力超出應有的承擔;在關係切割的系統中,尤其會有這種感覺。然而,功能較高的人在心平氣和的時候,原本就是系統中的主動推力。因此,如果自己在系統中的努力比別人都多,不妨將它視為個人到達更高程度的證明。

5.「他人冒犯我的界線時,如果我能夠記得去思索那些行為背後的焦慮,我就比較不會立即做出反應;與他們相處的時候,我的自我管理也比較好。冒犯界線通常是無心之舉。」

任何因焦慮而生的溝通中,管理情緒我比平時更需要用心費力。將對方視為焦慮而不是自大、專橫、高傲和心懷惡意的人,相處方式就會不同。

6.「承接我身邊的人的情緒,對我而言是沒有必要的。選擇在我。」

隨著朝向更高的自我分化程度推進，不僅在深思熟慮和不假思索反應兩者之間有了更多選擇，自我界線也更為完整。因此，他人的情緒反應仍然是他們的；這些情緒沒有必要變成其他人的情緒反應。

　　7.「我不需要從環境而來的愛、喜歡、認可、接納、呵護。」
　　人處於自我分化程度較低階段時，他人的認可或許是一種引導因素，但是隨著自我分化程度的提升，清楚自己的內在指導就變得更重要。雖然會考慮他人的認可與接納，卻並非主要的行為動機。

　　8.「保持專注於自我（至少 51% 以上的時間想著自己和自己的人生路徑），我通常可以因此在關係中或關係之外，找到不自我批判也不責備他人、讓自己又再進步一點點的方式來管理情緒。」
　　關注奇妙的大腦如何影響自我的運作，尤其是情緒我的運作，這本身就是一項高度的運作功能，也是成功應用包溫理論的人十分擅長的。只要練習，人人都能進步。

　　9.「經過冷靜而深思熟慮所訂下的重要關係決策，往往比我在衝動之下、完全感情用事所做的決定，還經得起時間的考驗。」
　　臨床證據顯示，有些人過日子幾乎都停留在感覺範疇之內；他們做決定單憑感覺，缺乏謹慎、客觀、思考的歷程，並往往生活在

關係失序的世界裡。

10.「我朝著降低連結性需求的方向努力。依照原則行事,我得以選擇夥伴,並且在最能發揮自己生命能量的時機,在團隊合作中盡上一份力。

高度自我分化的人,在關係中和關係外都能夠怡然自得。他們本身是完整的,不需要藉由他人使自己完整。一部分的原因很可能是因為他們對此並無所求,因此關係功能較佳,也擁有較多能量來貢獻自己的才幹和能力給社會。

理論實踐

20

目標……是從束縛著我們所有人的情緒連結性中破繭而出。

————莫瑞・包溫，1976 年

　　只要應用家庭系統理論的原則，同時開始改善自己和關係中的情緒運作方式，就會在生活的不同領域中看見變化。努力提升自我情緒成熟度的同時，也會發現自我管理能力在許多情況中隨之提升，所有人際關係也會開始改善。

　　隨著關係運作改善而擺脫了以往關係中的層層苦難，人們往往會發現自己對於接近目標，內心越來越明澈、越來越有方向感，整體而言生活也更有活力。

　　維持與原生家庭具有意義的關係，似乎能讓人產生一種情緒上的「踏實」感或安定感。就算在家庭情緒模式非常混亂的時候，也是如此。一個人能夠從家庭情緒退開一步到什麼程度——仍然與系

統中每一位成員保持連結——會成為一個人理論實踐是否成功的重要決定性因素。個人在原生家庭中所認識到關於自我的事實，再加上運用這些事實來提升情緒成熟度，會影響所有關係的改善。

包溫說過：「在關係中製造出來的，也可以在關係中改變。」關係無須三角化、疏離或與它切割。任何在關係中的自我改善都會從他人身上看到成果。改善原生家庭的關係，不僅有助於原生家庭運作，更有助於核心家庭、職場和友誼的運作。同理，如果有人願意在職場關係上稍作改善，很快就會發現家庭關係也有所改善。人生是一場學習歷程。在一種關係中的學習，可以應用到其他關係。

友誼

這項理論指出，三角關係，亦即由三個人所形成的情緒結構是所有情緒系統的組成分子或基礎單位，無論在家庭或任何團體中都是如此。三角關係是最小型的穩定關係系統。

————莫瑞‧包溫，1976 年

友誼或許是所有關係中最理想的形式了。許多出現在較為緊張關係中的共通問題，較少甚或完全不會在友誼中出現。如果所有關係都能夠比照友誼來維繫，就可以避免關係中的許多難處。為什麼

朋友之間的關係會比親子、僱主和受雇者、甚至情人之間的關係要來得順利呢?

一種可能的解釋是,友誼保留了一種歡樂感,在關係中提供放鬆、降低情緒緊張和隨之而來的焦慮。當焦慮降低,每一位關係成員都比較容易保持平等、開放,以及有所區隔的自我界線。因此,如果有人能夠將子女、配偶、父母視為朋友,在這些關係中會有哪些新的發現?又需要做出哪些調整才能夠使得所有關係都能夠朝向友誼模式發展?

朋友是個人情緒系統的一部分,是除了家庭之外,隨著年齡增長而擴展和深化的系統。一個人的朋友系統會有它自己的情緒系統特徵。如果這個人持續追求自我分化的改善,隨著時間進展,系統運作會漸漸改善,關係的意義也會加深。

卓越的友誼關係,彼此敞開和可交往的程度都不會朝向扼殺個體化的連結性而發展。理想中,朋友之間應平等對待。雖然友誼系統通常意指「支持」系統,但是更單純地稱為「友誼系統」或許會更有益處,因為「支持」這兩個字令人聯想到自我借貸。也就是說,如果有人認為自己需要支持,也就等於把自己放在低功能的位置上了。

友誼只有在朋友之間自我分化程度相同的時候才會延續。由於友誼日漸成為重要的情緒關係,所有適用於重要情緒關係的概念都會在重要的友誼中產生作用。相同模式是有可能發生的;這取決於

關係成員的自我分化程度、家庭關係模式和手足位置。相同的原則可以用於思考一個人如何脫離並改變友誼中的各項模式。

當一個人隨著情緒成熟度的增加,變得更能吸引他人、贏得更多尊重,因此可能擁有更多朋友。同時,隨著自我分化程度的提升,所交往的朋友自我分化程度會比較高。反過來說,如果自我分化程度有所改變,即使形成的落差很小,也有可能因此而失去某些友誼。

沃爾特・托曼博士針對手足位置所做的研究,用於解釋和預測友誼偏好非常有價值(請參見附錄 3)。隨著一個人走向更高程度的自我分化,手足位置的決定性降低,而且與不同手足位置的朋友維繫關係可能會更加容易。

與原生家庭情緒切割的人,雖然透過友誼系統經常可以明顯改善自我分化,但如果他們改善的是原生家庭中的切割關係,自我分化的工作通常會更加成功。不過,如果全部或大部分原生家庭成員都已經過世,藉由改善友誼關係,仍然有可能在提升自我分化程度方面獲得一些成果。

愛情關係

廣義來說,一對一關係是雙方能夠僅僅因為對方而彼此真實相

互關聯，無須談論他人（三角關係）或跟個人無關的事物……但說到底，其實沒有人知道一對一關係的真正樣貌，因為任何關係的品質永遠都有改善的空間。從更務實的層面來說，一對一關係存在於自我分化相當充分的兩個人之間；這兩個人可以用成熟、尊重的態度直接溝通，而沒有成熟度較低關係中的難題。改善一對一關係所做的努力，所改善的是家庭中的關係系統，這也是認識自我的重要練習。

————莫瑞・包溫，1974 年

　　一本以各種角度討論關係的書籍，怎麼可能從頭到尾幾乎沒有使用到「愛」這個字？「愛」是一個很有趣的字。大家都自認為知道這個字的意思，但問題就出在為愛下定義時的假設——以為所有人都用了一模一樣的定義。「愛」大概是我們的語言中，最為模稜兩可的語彙之一；原因在於這個字負載了舊模式之中每一個人賦予「愛」的特定情緒屬性。人們在諮商室裡，對於設法明白什麼是愛所表達出來的挫折感遠甚於其他字眼。

　　「愛」這個字使用起來還有另一個問題，就是在盡可能以明確而深思熟慮的方式來看待關係的時候，這個字的情緒指數太高。充滿情緒的語言使用到一個程度，思維也會從情緒出發，而不再理智、合理；如此思考出來的結果，可靠性也就較低。愛被用來當作維持關係的理由；而不愛了就成為結束關係的原因。這種思路是經

常以情緒主導生活、較少依賴思考或內在指導原則的人最常沉溺其中的。

　　包溫理論保持客觀、觀察事實，目的在於將人類行為的研究引入科學範疇。愛，是一種主觀的概念，很難、甚至不可能帶入科學範疇。於是，「愛」這個充滿光與熱的概念就被包溫理論基於幾項重要的前提而排除了。

　　當然，情緒在性愛過程中是很明顯的。親暱歡愛的時刻怎麼可能毫無情緒？頌讚、詩詞、歌詠，都是這類親密舉動充滿感受的一面。戀愛的感覺真好。不過，炙熱的「愛情」關係往往有可能帶來彷彿深入叢林的各樣不安。這種時候，穿越叢林的周延引導就成了詩詞、歌賦之外，一項令人歡迎的重要指南。對於許多人來說，理論就是這一類指南。

　　為了讓關係擺脫許多人口中雲霄飛車般的強烈起伏，除了感覺之外，思考也必須同時發揮作用。如果強烈的吸引力能夠因著持久的「區隔、平等、開放」的友誼而感到滿意，並按捺住性的歡愉，那麼這類濃烈的感情長期下來是否較有可能成功？在這些前提下，人就比較有機會以深思熟慮的方式探索並認識指導原則、了解自己在對方身邊是否能夠獨立思考，並且看看是否有發展長期友誼（也就是所有穩固關係必備基礎）的可能性。而且就進一步建立自我而言，也比較可能看出即將形成的情緒系統對於關係中的兩個人是否都有益處。

伴侶總以為他們之間的問題是性方面的問題。然而，性治療專家卻發現，絕大比例的問題顯然是關係議題。換句話說，如果關係較為平順，性問題便會消失。家庭治療專家往往也有相同的發現。當人們學會以嶄新的連結方式，得以一起冷靜思考，並各自隨著時間更能妥善管理自己的情緒我，於是關係問題變得可以解決，性問題也迎刃而解。

那麼，這意思是不是說，理想關係沒有緊張的時候、也不存在熱烈的愛情？應該不是。這可能意指出現強烈情緒的時候，將會受到篩選、甚至相當程度的控制，而不是放任情緒去傷害和支配關係。理想上來說，如果較具情緒中立的友誼階段能夠延續得比一般更久，伴侶雙方就可以建立起一份更為紮實的關係，並以此為基礎來穩定他們的強烈感受。如果日後他們決定要以強烈的情感和性關係彼此連結，此時的強烈情感和性關係則會是長期穩固關係中的一種表達。

高度自我分化對於愛情關係的假設，是要緩慢而平靜地發展，從互相吸引邁向一份積極、相處得來和長期持續的友誼。就算在這段關係中，「濃烈愛情」的部分最後無法持續，友誼還是可以維繫下去。在高度自我分化中，情緒多半經由選擇而較少受到情境支配。心血來潮的事情是可以容許的；只是會比較有選擇而已。因為界線區隔得相當清楚，關係不會受到情緒激發、高漲和自我借貸的影響。平等也不成問題——平等只是存在於所有行動和交流中的一

種認定。開放則是一項前提，也是遇到問題的時候，主要的問題解決工具。

俗話說得好，付出愛的能力，根基在於愛自己的能力。愛自己的意思是什麼？一般人往往很難設想如何愛自己，然而幻想與另一個人戀愛卻輕而易舉。這或許是因為愛自己涉及一種持續的自我關係，而那正是一個人對於人我關係的全部期待。這涉及某些審慎思量過的指導原則，而這些指導原則與一個人如何看待自己，以及如何將這些看法納入成為基本自我的一部分有關。

憂鬱或自殺的人通常對自己的看法非常不公平、有懲罰性，甚至十分暴力。他們在檢視這種思路的時候承認，如果他們對於自己以外的任何人有這樣的想法，就會覺得很不應該、不合理、沒有成效。他們還沒有把自己當作凡人。如果他們看待自己的時候，也可以將對待他人的原則套用在自己身上，問題就會迎刃而解，並且走上了「以具有原則的方式陪伴自我」的途徑。

那麼，愛是什麼？當該說的都說了，該做的也做了之後，究竟愛一個人是什麼意思？從家庭系統理論衍生出來的愛的觀點，與其他理論所持的觀點截然不同。或許這是一種新鮮的視角，這個立場與電視、電影和大眾文化所呈現的觀點恰恰相反。一個人最深情的狀態，同時也可能是他最不容易呈現的面貌，需要一個人竭盡所能展現自己最好的狀態。愛的關係的必要前提包括：時時努力記得看清全盤狀態、歷程、系統和個人的原則；努力善加維護，使個人界

線不受侵犯；以及努力改善平等與開放。如果一個人去愛，這個人就會被愛，然而這不是必然的結果。

或許愛的最高形式是在所有連結性的亢奮情緒消褪之後，還能夠單純地維持區隔，並將焦點放在自己所能呈現的最佳狀態和界定自我兩方面，同時還能與對方維持冷靜、深思熟慮、有意義的接觸，並接納對方長期以來努力維持的最佳自我狀態。

親子關係

> 以孩子為所有能量的焦點是人與生俱來深植的本能，所投入的情緒從極端正面到極端負面不一而足。父母的焦慮程度越高，情緒歷程就越緊繃。
>
> ————莫瑞・包溫，1975 年

為人父母或許是人生中最艱難、最容易產生焦慮和最重要的角色，但是理論可以為這項任務提供重要的指南。因為把人推向更高的自我分化程度是有可能的，而將下一代和後代子孫的未分化程度降低到某種程度也並非天方夜譚。

與每一個孩子建立個別的關係至關重要，雖然這聽起來很基本，但令人驚訝的是，即便親子之間不乏互動與關注，卻往往並不

存在真正的關係。在龐大或十分忙碌的家庭裡，必須優先遵守這項看似顯而易見的原則，與每一位子女相處的時間也必須加以規劃。臨床工作者發現，當父母中有一方或雙方都撥出時間與孩子建立個人的關係，兒童或青少年的重大問題很快就會有所起色。

理想的親子關係也和所有關係一樣，具有平等、區隔和開放的特徵。成人與兒童或嬰孩之間怎麼可能會是一種平等的關係？雖然父母和孩子在力氣或技能上無法相提並論，但是在潛力與基本人性上卻是平等的。因此，那種看準孩子的弱點、不假思索就採取「代勞」的姿態，並導致子女失能的現象就會減少。與子女合作（而非過度高功能或競爭）的立場則會成為常態。長期下來，孩子也同樣會採取合作的姿態來回報父母。

親子相互尊重是在每一位成員都遵守自我區隔的界線時所養成的。不受侵犯的界線代表了較低程度的反射性情緒反應。如果一方焦慮，另一方可以選擇保持冷靜。如果家中有人努力改善自我界線並尊重他人的界線，那麼家中其他成員也會逐漸效仿，而且有時候學得相當快。如此一來，焦慮就比較不可能停留在任何一個家庭成員身上，也不會有人成為關注的焦點。僅僅在心中明確存記界線的概念，就能使得界線更加容易得到釐清和尊重。

包溫理論所指導的與下一代開放溝通，有別於一般的主張或實踐。一般著重溝通感受，但包溫理論完全不這麼主張。雖然對自己的情緒系統（自我的內在與外在）有充分認識的人，能夠清楚了解

他人感受，但是期待每個人都能夠理解他人情緒，不如期待每個人都有能力去處理自己的感覺來得務實。如果一個人在互動中尊重界線，就不必常常檢視別人的感覺——侵犯界線的情況會比較少，焦慮也會因而降低。同時，如果一個人在這種系統中有必要向對方說明自己的感受，他是可以暢所欲言的，因為知道對方不會因此而過度反應。所以，就算確認了各種感覺，親子雙方卻都不需要花那麼多時間去處理在關係系統中的感受。

在與孩子的口語溝通中，開放的意思是願意向孩子清楚說明你自己的想法。不要理所當然地認為孩子知道你在想什麼。臨床工作者常常會問家長，是否曾經把自己剛剛跟治療師說的話告訴孩子，家長的答案往往是：「他們知道我在想什麼！」但是孩子可能不知道。成年人往往不用冷靜、清晰，而且是孩子聽得進去的方式來說明自己的想法。

發言是為了自己，而且只替自己發言。家長向下一代清楚說明自己的原則——經由經驗和思考千錘百鍊出來的原則——卻不告訴他們該怎麼做，是完全有可能的。換句話說，家長可以界定自我，同時仍然尊重他人與自己不同的界線和權利。通常，父母似乎不願意談論自己真正相信什麼或真正的想法。但是，做自己終究離不開這個部分，而且就算孩子不能完全理解父母的作法，對孩子還是非常有幫助。有了開放溝通，孩子將會因為在一個「自我」身邊成長而獲得益處，也不會產生疏離的問題。

　　隨著兒童和青少年語言表達能力的增長，父母間或扮演充滿興趣的傾聽角色極為重要。很遺憾的是，傾聽是許多父母從來沒有學習過的技巧。如果孩子從來沒有獲得他人傾聽的經驗，又如何逐步增進以言語描述思維的技能？

　　將絕大多數時間放在關注自我和運作良好的婚姻關係上，便可避免以子女為焦點。雖然只要與家人同住，就必然會有焦慮在各個三角關係中流動，如果維持開放的一對一關係，而且其中每個自我都努力界定自我而非他人，那麼家庭情緒歷程中的彼此傷害就會減少。如果家裡有某個孩子吸引注意力的程度開始不成比例，合理的假設是：配偶之間還有尚未妥善處理的焦慮。一旦聚焦於子女的情況減緩，婚姻問題就會浮現並可獲得處理。

　　然而，如果婚姻中的焦慮沒有被夫妻倆解決，就會沿著家庭系統的各個三角關係移動，最終集中在某一個孩子身上。焦慮匯集於一身的那個人，焦慮程度肯定非常高，而且最後會在生理、心理、情緒或社交方面出現症狀。受到聚焦的子女，其症狀包括在校成績不佳、害怕上學、憂鬱、過動、精神疾病、上癮、同儕相處問題、叛逆或其他許多問題。

　　如果家長改善兩人之間的關係問題，兒童或青少年子女的症狀也會相對減緩或消失。擺脫了阻礙個人進步的焦慮之後，孩子就能夠展開發展自我的歷程。即使家長非常努力改變兩人之間的問題，有時候受聚焦子女身上的症狀還會再度出現。這或許是因為一些家

庭成員早已在聚焦於子女的舊模式生活了相當長一段時間。模式化行為的改變是緩慢的，不過，症狀每重複出現一次，強度就減弱一次，持續時間也會縮短。如果家長對自己、對彼此的方式都能夠毫不動搖，孩子的問題最終會明顯減少，甚至一併消失。

父母放下心中的惶惶不安，改以對孩子充滿信心的方式給予關注，也就是將孩子的人生問題留給孩子去解決的態度——通常，這正是自我分化逐漸改善的家庭中，父母對於子女的一貫態度。當父母認真看待這些概念：在所有與自己有關的情緒系統中進行自我分化、釐清界線、思考並依照原則邁進，那麼在情緒系統中的所有人都會受惠，尤其是成長中的孩子。

離婚後，重要的是父母雙方要盡快彼此達成情緒中立，並修復在離婚過程中所產生的切割關係。有些家庭在這方面的成果令人刮目相看。儘管再婚的新配偶有時候會引發對方與前任配偶的根源問題，然而假以時日，現任配偶對於對方與前配偶持續保有關係，將會採取接納態度。離婚家庭的子女在適應離婚方面，也一如預期跟他們的父母一樣適應良好。即使在離婚階段，聚焦於子女對於處理家庭情緒歷程所帶來的問題也並非良好的解決之道。

儘管聚焦於子女的模式在親子關係中最為常見，然而任何一種關係姿態都有可能為父母或子女所採用——疏離、不溝通、有時候甚至切割關係；他們也可能採取衝突姿態，公然爭執或是在順從與叛逆問題上較勁。父母或子女也可能處於過度高功能或功能不足的

位置，而焦慮總是在家庭的三角關係之間運行。多了解三角關係，就可以將三角關係處理得更好。

父母可以留給孩子最好的東西，顯然就是盡力提升自己這一代的自我分化程度。如果父母把焦點放在這上面，子女的自我運作就會自然而然改善。

離婚

> 原生家庭的逃兵……最需要情感上的接近，但是又對此太過敏感……他用自欺欺人的心態告訴自己，他是在實現「獨立」……他跟父母的關係切割得越嚴重，就越容易在未來的關係中重複相同的模式……他的婚姻關係可能很緊繃，當時卻認為十分理想、可以終生不渝，然而疏離模式卻是他這個人的一部分。婚姻中的緊張一旦升高，他就會使用相同的方式逃跑。
>
> ————莫瑞・包溫，1974 年

當瀕臨瓦解的家庭開始依照包溫家庭系統理論的原則來工作，離婚往往變得沒有必要。除非努力提升個人自我分化的運作程度，否則離婚很可能還是解決不了任何事情。相同的不成熟運作模式會在下一段關係中自行冒出來，而相較於上一段關係，並不會有所改

善或退步。

然而，面對離婚，理論是可以引導雙方走完整個歷程的。持續處理個人本身的焦慮，有助於讓思考變得清晰，這在任何危機中都非常重要。覺察三角關係有多快速在家庭、伴侶、子女、法律專業人員及法庭之間形成，是這段時間裡管理情緒我最基本的事情。藉由嘗試系統思考來看見系統的全面性，可以解決許多難題。觀察情緒歷程可以幫助自己脫離情緒歷程，並走在正確的路徑上。

在處理離婚的法律過程中，如果跟離婚伴侶之間失去了情緒中立的接觸，盡快重新建立往往會有幫助。如果可以做到這一點並持續一段時間，經常可以改善離婚後隨之而來的哀悼和破壞性的憂鬱。然而，如果受到關係切割影響，憂鬱可能會加劇。

如果有孩子，避免關係切割格外重要。若父母雙方能夠保有情緒冷靜的關係，孩子會大大受益。這和受到長期衝突、競爭或切割所宰制的關係大不相同。

陳小姐離婚後與前夫關係切割了三年，只有為了安排 4 歲女兒的探視時間表才做必要的聯絡。陳小姐很沮喪。她的女兒善於操控，學校老師還發現她有說謊和毆打其他小孩的問題。後來，陳太太學會了一些關係方面的原則，決定嘗試用比較開放和合作的關係跟前夫相處。剛開始嘗試的時候，前夫懷疑她態度的改變，但是她堅持了下來。前夫要求變更探視時間的時候，她不再不假思索地負面回應，而是試著盡量配合。如果女兒出了問題，她不再自己生悶

氣，而是盡力讓情緒冷靜下來、恢復了思考之後，向孩子的父親說明自己的想法，徵詢他的看法，把他當作一項資源。

　　這對離婚夫妻沒多久就發現，不僅在思考關於女兒的行為問題時，兩個臭皮匠勝過一個諸葛亮，而且陳小姐也能夠在幾個月內，看見自己和前夫的關係層級大有提升。結果，陳小姐發現自己的憂鬱減輕了，也留意到她和女兒的關係運作有所改善；她可以更像個母親，而不是在上司和手足兩種角色之間擺盪，女兒的行為問題也變少了。

　　許多家庭證實，在他們與前任配偶保持聯絡、維繫關係的時候，都會體驗到情緒方面的紓解。一般離婚後呈現的關係切割，一旦經過修復，改善其中的界線區隔、開放和平等立場，就變得跟其他關係一樣重要。如果離婚家庭子女的父母之中有一位這麼做是很幸運的，對孩子會有正面的影響。

單身生活

　　與父母之間尚未解決的情緒依附，其程度受到以下因素影響：父母與各自原生家庭之間尚未解決的情緒依附程度；父母的雙親在婚姻中處理情緒依附的方式；人生關鍵時期的焦慮程度，以及父母處理這種焦慮的方式。孩子極為年幼的時候，就已經

在情緒結構中受到「程式化」。此後，除非父母的功能有所轉移，否則尚未解決的情緒依附就會停留在相當固定的程度上……用廣義的說法，家庭中的焦慮跟尚未解決的情緒依附在程度上有對應的傾向。

————莫瑞・包溫，1974 年

高度自我分化的人，在關係中和關係外都可以怡然自得。

完全沒有人際關係的人少之又少，就連單身人士也不例外。如果他們環顧四周，生活中可是充滿了發展關係的機會。幾乎所有人都有延伸家庭的關係、友誼和職場關係，而這些關係都可能因著「在關係中自我改變」而受惠。如果將這些關係當作個人的挑戰，它們可能會變成自我分化中最吸引人的任務。持續在這些關係上努力，將降低缺乏主要關係的不適感。

單身人士擁有絕佳的機會去發展所有關係中最為重要的關係，也就是自我關係。單身的身分使人得以為自己的個體性進一步努力而心無旁騖，也沒有受到融合而捲入情緒緊繃關係中的風險。依循自我分化概念而衍生的單身生活指導原則，所打造出來的人生路徑與以往常見的極為不同。

正如已婚人士可能必須在生活的連結性中，努力保持對於個體性的專注。單身人士有時候必須努力確保自己具備夠多的關係，用以測試自己的個體性，因為只有在個人情緒系統的關係中，才可能

自我分化。

　對於單身人士而言，友誼系統變得極為重要。友誼系統提供單身人士某些情緒基礎——因為單身人士沒有核心家庭，而某些情緒的緊繃程度只有在核心家庭中才可能出現。在這種情況下，所有關係原則都成為格外重要的指導原則。

專業關係

> 以「人」、「個人」、「家庭成員」這類用詞取代「患者」一詞，可以避免診斷，即使在治療師私下的想法中也要避免。更困難的是要取代「處遇」、「治療」、「治療師」這類概念並修正治療師在患者心目中無所不能的地位……而最可以用來傳達由一位專家主動教導個人及團隊，讓他們發揮最大能力的內涵的詞彙，則莫過於「督導」、「老師」和「教練」了。
>
> ————莫瑞·包溫，1975 年

　專業／案主關係有落入各種關係模式的風險，但是由於治療關係的本質是：一個人因為有問題前來求助，而另一個受過訓練的人提供幫助，特別容易落入過度高功能／低功能的互惠模式。

　什麼是專業情境中的過度高功能？專業人士又該如何與有問題

的人相處，而不變得過度高功能？

　　筆者從一項針對 15 名藥物成癮者的研究中，學習到許多關於專業關係的事。這些成癮者最初都顯得無助、無望、沒有藥物便無法應付現實生活。他們在主要的關係中都採取低功能姿態，跟設法協助並開立藥方的主治醫師之間也都複製了相同的模式。研究發現，這種關係姿態是早年生活中關係姿態的複製品。

　　一般觀察到的過度低功能行為包括無病呻吟、哭哭啼啼、讓自己顯得力不能及、無望或退至沒有選擇的牆角，而醫師或諮詢師的某些過度高功能行為則是建議、過度教導（知道別人應該怎麼想）、說教（知道別人應該怎麼做）和過度幫忙（幾近過度開藥的程度）。

　　理想的專業／案主關係和所有理想的關係一樣，可以描述成平等、區隔和開放。如果專業人士清楚自己的情緒界線，也練習生活在界線之內，就比較容易做到情緒中立。就算案主可能會熱切地尋求融合關係並在其中採取低功能的位置，了解關係模式的專業人士也能夠予以抵制。

　　專業人士也知道自己有過度高功能的傾向。其實，這很可能是當初選擇這項職業的動機。知道自己的關係歷程傾向，可以成為一個人學習處理這些傾向的一項優勢。

　　理想的情況下，專業人士可以看出一個人的能力並予以鼓勵，並關注人們身上有什麼正面的東西：也就是案主和家庭成員的各種

優勢。成癮病患所表現出來的無望、無助和軟弱具有一種異常黏人的本質，遮掩了他們身上驚人的力量。當專業人士有可能看見案主的力量與能力並給予回應，專業／案主關係就朝著平等的關係邁進。

專業人士或專家要如何與案主平起平坐呢？其實，不論何種專業，就算擁有技能、訓練、知識，也不必在人與人的相會中製造不平等的狀況，專業人士也可以主動去表明、承認並假定彼此基本上的平等關係。

為了達成專業關係的最佳運作，開放是必要的，無論在醫藥、護理、治療或法律層面都是如此。案主越焦慮，就越難聆聽，然而聆聽仍然是任何專業人士都能精進的最重要技巧之一。如果專業關係要在所承接的任務上開花結果，專業的回應就必須出於思考，而非情緒。專業人士使用行話（特定領域的術語），讓案主聽不懂，結果就無法帶來開放。前面提過，唯有關係模式不存在，才有可能達到有效的溝通。

除非專業人士改善自我分化程度，否則即使避開過度高功能的隱憂，其他模式還是可能威脅到專業關係的歷程。

疏離模式可能會以變得不主動回應、不接電話或模稜兩可等形式出現在專業人士身上。與案主之間的衝突則以溝通想法或經常意見不合的方式呈現。三角關係會在其他家庭成員或社會機構被拉進來的時候自動迅速形成。關係切割則是在專業任務的內容或處理程序不夠專業的時候產生。

為了避開一種關係模式而尋求另一種模式，雖然是相當普遍而自然的人性反應，但就如其他關係一樣，這種作法是行不通的。然而，當專業人士明白了關係理論的原則並加以運用（尤其是努力提升自我分化程度）的時候，他的自我情緒管理目標就會變得更加清晰。

職場關係

> 運用一項非個人化的理論，意指注意力永遠要放在自己而非他人身上。這是所有行政體系長期以來使用的作法，意思很簡單：當喬治城家庭中心的運作系統出現衝突或不和的時候，身為其中一員的自己，如果修正了自己的這個部分，其他人也會自然而然修正他們的部分。這種模式多年來一向運作得宜。
>
> ————莫瑞‧包溫，1988 年

　　職場最強調的就是完成工作的能力，然而職場中關係系統的難度，常常犧牲了個人的能力及效率，也干擾了生產力。工作時不良的人際關係會干擾工作產能，很可能比其他任何一項因素更容易引發沉重的壓力。

　　人際關係原則適用於職場，就像適用於其他關係系統。當人們

花了相當長的時間在一起工作，就會建立一套非常類似於家庭的情緒關係系統。當情緒從一個人身上傳遞到另一個人身上，類似家庭系統中的三角關係和其他關係模式也會在職場關係中形成。

職場關係的品質越好，工作本身的質與量也會越好。工作系統本身會在不同的自我分化程度運作，這要視主管的自我分化成熟度及系統中每個人的程度而定。工作系統的個人自我分化程度越高，系統的運作就越有效率，生產力也越高。

職場中，主管之間的關係有問題，便可能（也經常）透過三角關係往下滲入系統內的多個低階層級，並在員工之間以衝突、疏離或其他模式化的姿態表現出來。然而，如果系統頂端，也就是高階主管之間的關係有困難，那麼不斷解雇員工（可能變成了系統中的例行公式）是無濟於事的。這種問題的唯一正解就是要主管之間改善彼此的關係，關係一旦改善，系統運作就會更順暢。

理論為職場中的每個人指出方向，也指明了管理途徑。主管因位居領導職位，對系統有更大的影響力。如果他們在心中牢記自我分化的原則、從系統的角度思考，並且努力邁向區隔界線、平等、開放，則整個職場系統都能因此受惠。

除了能力之外（因能力是無可取代的），人際關係是職涯成功與否最重要的決定因素。家庭系統的原則可以做為職場關係指南，相當實用。致力於自我管理以邁向更高程度的功能運作，以及努力保持情緒冷靜，在工作時特別有用。在職場維持情緒冷靜的能力相

當重要，因為人在冷靜的時刻，大腦或理性腦不會因情緒腦所產生的焦慮而不堪負荷，所以能自由從事更清晰的思考——不但思考自我管理，同時也思考工作本身。換句話說，保持情緒冷靜的能力能使人得到自由，把工作做得更好。

在工作上感情用事絕不能解決問題，會干擾並介入工作的進度，阻礙職涯發展。選擇保持情緒冷靜的能力，是任何職場環境中維持良好功能的必要條件。

不久前，一些職場顧問把組織的重點放在團隊的情緒處理，將工作團隊引導至情緒混亂狀態；而其中每個人都以為要改善關係問題，這種混亂是必須或在所難免的。然而這不僅沒有必要，還會適得其反。

在職場系統中，運用良好的溝通原則與每個人保持接觸就能帶來明顯的益處。關係模式之所以形成，只因為它是人類行為的自然現象，清楚這些現象的人，就能以更客觀的眼光看待關係模式。這種客觀可以讓職場中的三角關係運作得更健全。關係運作得更健全，往往表示一個人在職場「家庭」中被視為一個有價值的個體。基於熟知關係模式而獲得的溝通原則，因此適用於職場，如同適用於任何一種關係系統中。

人們在工作上相處的時間占了相當高的比例，到最後會發展出一種跟核心家庭非常類似的情緒系統，所以了解彼此在原生家庭的手足位置也會有幫助。單是了解手足位置，就能多方認識一個人的

個性並得知此人與每位同事如何相處（見附錄 3）。手足位置也能揭露職場中不同類型人士的潛在天生強項。這種知識很有用，能讓人以更客觀的眼光看待每一個人。有了客觀的眼光，對於眼前的問題就比較不容易對號入座。

知道每個人加入系統的約略日期也會有所幫助。清楚每個人在這個系統中待了多久，會讓你對於系統的關係歷史更加瞭然於胸，因為系統在一個人加入之前就存在了。試圖在各個三角關係之間遊刃有餘並做出建設性的貢獻，認識職場情緒系統之中已然形成的三角關係將會很有價值。認識一個系統的關係歷史，大幅提升了一個人在系統中掌握情緒我的能力。

職場就像家庭，也會經過不尋常的壓力期，致使關係模式和姿態變得比平常更加鮮明。這種壓力期可能包括更換主管的過渡期、經濟變動期或公司重組。在這些時候，組織裡的每個人都更難維持在軌道上；換句話說，變得更難脫離三角關係或跳脫對於既存派系「贊成或反對」的二元化立場。但是，即使在極度焦慮時期，職場的目標仍然是維持合格的產能——藉由在系統中努力維持情緒冷靜，並且不論對方的職位或派系，與每個人保持情緒中立的接觸。

若能穩住自己、跟隨內在指導原則，就代表自己已經處於自我分化的狀態。根據一些在這方面下了一段長時間功夫的人表示，他們所獲得的是更多的敬重、升遷及其他的回報。

一個人在職場關係中耕耘，對於其他的關係也有正面效應。同

樣地，提升自己在家庭中的合宜運作，對於促進職場合宜運作也有正面的效應。

社會歷程與國際關係

> 人類是自戀的生物，只活在當下，對自己不動產內的方寸之地較感興趣，也對爭取自己的權益更為投入，而較不關心生命的跨世代意義。當群眾變得越來越暴力和為所欲為的時候，還是有人能夠安然度過……。我認為自我分化的概念大有可能延續到未來……。未來是無可限量的。

> ————莫瑞·包溫，1988 年

包溫理論最後列入的一個概念是社會退化（societal regression）。它提到一個週期現象，即社會上的焦慮開始升高時，退化的行為就會大幅出現。這種焦慮期的特點是當行為崩解潰散時，家庭或社會的其他組織（如法院系統）都不願意負起責任。

包溫理論主張，退化期與進化期會交替出現，進化期比較容易見到個人、家庭、社群組織承擔責任，這種交替循環通常稱為社會歷程（societal process）。照理說，進化期都是在社會焦慮普遍較低的時代出現。

當前引發社會焦慮的因素可能是人口過多、資源缺乏（或許是問題的一體兩面）、汙染及核子武器的威脅。

任職於美國國家衛生研究院的約翰・凱爾鴻（John B. Calhoun）博士發現：任由老鼠在侷限的居住範圍內多代繁衍，過度擁擠的結果導致退化行為。雄鼠對於看守巢穴的行為撒手不顧，鼠媽媽忘記如何建造穩固的巢穴，讓小老鼠脆弱地暴露在外。隨著繁衍過剩，雌鼠與雄鼠不再彼此感興趣。雌鼠尾隨任何移動的對象（例如實驗者本人），雄鼠則在住處外緣遊蕩，瞪眼凝視。最後生殖率終於下降，老鼠數量也隨之減少。

一如家庭危機，社會危機中逐漸攀升的焦慮也會緊緊圍繞著三角關係，讓三角關係變得比昇平時期更為明顯。兩極化的派系吸引了所有的目光，他們想到的不外乎自己對於事實的情緒化詮釋，而不嘗試採取宏觀的角度，也不考慮社會的整體福祉。

當前的社會似乎明顯正在退化。此時能夠提供訊息給人類領袖的理論，其重要性刻不容緩。

在國際關係中，如果領袖及國家能夠開始做出對自我分化有相當了解的決定，依照對於事實的認識而非社會的情緒反應，採取負責任的行動，那麼或許人類還有機會生存下來。

要讓這個世界從混亂難料的國際關係，進入持久而值得信賴的國際關係，或許最終需要一套新的理論，能夠告知世上的政治和外交領袖思考及行動的方向。

國際關係中，最常見的首要問題是化解衝突。許多方案、研討會、補助金、機構組織都是為了要化解衝突而設立。在某種程度上，這些作法當然有用。然而，了解衝突固然重要，但衝突畢竟只是將個人甚或國家都困住了的五種關係姿態之一。要了解衝突，就必須認識及探討所有的姿態。

　　談判專家已學到一大堆該如何在交涉過程中拿捏施與受的技巧，但是碰到要有方法從理論的角度來思考談判雙方的關係時，有時談判便陷入了泥沼。

　　有些工作坊專門研究包溫理論在國際關係方面的效用，提供了不少訊息。相較於一般家庭能夠理解如何將包溫理論應用於私人生活，工作坊參與者往往更快看出包溫理論要如何應用於國際關係。

　　舉例來說，就學術層面來看，如果涉及化解衝突的各方都拓展對於關係模式的了解，將疏離、切割、過度高功能／低功能、三角關係這四種模式也容納進來，那麼會發生什麼事？其他模式在這一類最終會導致戰爭的衝突中又扮演什麼角色？而在尚未達到戰爭的狀態下，人類又有多少不幸是跟這些模式密切相關？或許所有的模式都會走向一種絕望，使得戰爭似乎是一種有益的結果。

　　如果可以用姿態來描述國家之間的關係，那麼兩個國家間的疏離狀態會是什麼樣子？過度高功能／低功能又會是什麼樣子？三角關係呢？而國與國之間的衝突成為一種模式，又是什麼樣的光景？

　　如果邁向更高程度的自我分化是個人關係模式的解藥，那麼整

個國家是否也能提升自我分化？一個國家是否可能更多依循謹慎衡量之後的原則，而不是憑著不由自主的情緒性反應來行動？一個國家的原則能夠清晰到什麼程度？一個國家又如何定義自己在國際間的原則？世界上某些國家，是否有可能展現出比其他國家更為高超的自我分化程度呢？

如果世界爆發戰爭，那麼根據原則來運作的國家會如何回應？違反人權時，這種國家有沒有責任？什麼時候應該依據原則行事？什麼時候是界線遭受逾越？侵犯界線和設定界線的差異何在？

包溫理論如何將訊息傳達給國家的領導階層？如果領導人具有高度自我分化又憑著原則行事，全國上下會跟從領導人行事嗎？

包溫針對這個主題，寫了以下文字：

社會系統不論大小，邁向個體性，都是經由單獨一位強有力的領導者所啟動的。這位領袖帶著深信不疑的勇氣、能夠召聚一個團隊，並且在情緒對立惡化時，具備清楚界定的原則，做為決策依據。大型社會系統也同樣要經歷這些細緻的步驟，在每一個步驟之後，會重新平衡連結性—個體性驅力。絕對不會有過度個體性的威脅，因為人類需要連結性來防止人越過這個臨界點。個體性程度較高的社會，在團體中大幅提供個人成長、處理焦慮得當、決策依循原則而且容易，同時對於新成員具有吸引力。從歷史上來看，美國多半具有這樣的特質。美國開國

元勳所堅守的原則為人權提供了彈性保證，因而吸引了各地的移民。個體性的崩潰起於領袖對於維護原則變得散漫無心。當下一個焦慮期出現時，領袖相當不確定要根據什麼原則，便依據當時的焦慮做出決定，於是連結性驅力再度主導……

……如果社會中最有影響力的各界階層能夠努力改善自我分化，自我分化就會自動擴散到影響力較弱的階層，而真正造福較為不幸的階層，並且提升整體社會的功能層次。社會中強大的連結性驅力會抵擋任何自我分化的力量。分化程度越低，著手改善自我分化就越困難。當前的連結性驅力相當強烈，然而，社會上任何一位關鍵人物的一絲絲自我分化都能自然而然地感染其他人，所有朝這個方向邁進的人都能帶給社會益處。

結語

　　透過包溫家庭系統理論，針對卓越關係所窺見的可能性再度證
實了人類真實生活的矛盾本質。想要改善關係，就必須自我改進。
想要提升個體性，最好在人際關係中進行。為了降低疏離，就必須
發展更好的界線。一本有思想的書所提出的疑問遠多於答案，並且
毫無遲疑地直指似是而非的論點。

　　本書介紹的概念大多以最簡單的形式呈現。要徹底了解包溫理
論，則需要更深入的研究。可供研究的最佳資料來源，請參見本書
閱讀注釋中所列舉的清單。

　　目前要找到受過包溫家族系統理論訓練的諮詢人員並不容易。不
過，這方面人才的數量正逐漸增加。除了位於華府的訓練中心之
外，芝加哥、佛蒙特州、普林斯頓、堪薩斯市、匹茲堡、舊金山、
南卡羅萊納州、佛羅里達州、明尼阿波利斯及其他各地都有訓練中
心。部分訓練中心提供專業訓練課程，也往往同時提供社區課程。

接受過包溫理論訓練的專業人士將諮詢歷程稱為「教練」歷程，因為有效的自我改變實際上很少發生在會談室中，而是在家庭這個「場域」裡完成。

我認為關係方面的研究是當前最重要的任務。如果這項研究再不獲得高度重視，人類很可能會發現自己正迅速走向滅絕之路。包溫理論是一套很有用的工具，能夠探究各種人際關係的科學，包括研究在全人類這個大家庭中，國與國之間難以移動的困境、姿態及位置。

1990 年 10 月 20 日，我有幸得以在包溫醫師的喪禮中，朗誦他著作中的這一段：

> 人類已經克服了幾個世紀以來威脅生存的多種力量。醫學延長壽命、科技進展迅速、對於環境（原本與人敵對）的控制力也逐漸提升。全球擁有經濟安全和物質享受的人口比例之高，更是史無前例……在 1960 年代晚期之前有一項假說，不但維持多年，更獲得新證據和其他研究的支持。這項假說提出，人類焦慮升高的肇因是：人口爆炸、適合居住的土地消失、維持生活所需之原物料即將告罄，以及一項越發普遍的覺醒──發現「地球飛船」並不能無限期依照人類與人類科技習以為常的方式來支持人類生活。人是一種領域性的動物，對於遭受「圍困」一事的反應與低等生物的基本模式是一模一樣的。人類的

重要生活模式與缺乏思考的動物物種並無二致，人卻會用其他理由自圓其說，來詮釋自己的行為。人類向來將「遠離人群」當作一種緩和焦慮並使調適結果穩定下來的方式。這個論點是，發達的通訊、電視媒體和交通，讓人越發意識到自己的世界範圍是有限的。動物侷限於有限的空間，繁衍數量增加，也會試探圍離場地的極限；流動性和活動量會提高；最後，則會以更多的數量均等地占有既定生存空間。過去 25 年來，人類移動性增加，有更多人經常搬家，而來到大都會市中心生活的人口比例也更高。

對於這個思考背景還有另一項重要的理論概念，代表了人類另一個可以預測的特性。人類由於理性思維和知識，很可能早在數十年前就已經明白自己正走向一條與環境相互牴觸的道路。情感、情緒性反應，以及因果思維都可能攔阻人類真切「明白」自己所應當理解的……

科學使人類得以在許多生活領域中超越因果思維。首先，是距離自身遙遠的太空系統。之後，則是得以在物理科學並繼而在自然科學進行「系統思考」。過去數十年來，人類在系統思考方面所獲得的某些概念，也同樣適用於自己和自己的情緒運作。只是，即使受過最佳系統思考訓練的人，也會在情緒場域中退回到因果思考，根據情緒性反應而非客觀思考來採取行動，這個現象常常影響人類針對社會問題所進行的決策和行動。

閱
讀
注
釋

　　這些閱讀注釋的格式是受到愛德華・威爾森（Edward O. Wilson）所著《親生命性》（*Biophilia*）的啟發。

第一部：一種思考關係的新方式

第1章：包溫醫師出眾的思考方式

　　包溫所述節錄自 Bowen, M. : *Family Therapy in Clinical Practice*, New York, Jason Aronson, 1978, p.393.

　　包溫醫師在他最後重要的著作中說出自己的故事，以「An Odyssey Toward Science」為題寫在下面這本書的結語，*Family Evaluation* by Michael Kerr and Murray Bowen, New York, Norton and Co., 1988.

第 2 章：一個關於人際關係的理論

包溫所述節錄自「An Odyssey Toward Science」，此為下面這本書的結語，*Family Evaluation* by Michael Kerr and Murray Bowen, New York, Norton and Co., 1988.

理論觀念的原始手稿都集結為包溫醫師的主要文章，*Family Therapy in Clinical Practice*, New York, Jason Aronson, 1978.

理論的學習不僅來自書面文字的閱讀，本書提出的許多觀念源自我在喬治城大學家庭中心與包溫醫師及教職人員的工作，包括 Dr. Michael Kerr, Mrs. Kathleen Kerr, Dr. Roberta Holt, Dr. Daniel Papero 等人。

相關訓練課程、出版品、錄音帶和錄影帶的資訊，都可以寫信到以下地址取得：

Georgetown Family Center

4400 MacArthur Blvd, N.W., Ste 102, Washington, DC 20007

第 3 章：自我分化

包溫所述節錄自 Bowen, M. : *Family Therapy in Clinical Practice*, New York, Jason Aronson, 1978, p.424.

包溫所述節錄自「An Odyssey Toward Science」，此為下面這本書的結語，*Family Evaluation* by Michael Kerr and Murray Bowen, New York, Norton and Co., 1988, p.168.

Michael Kerr 醫師的講課中，提到 Leo Buss 的研究，闡述每個細胞個體在許多層面都普遍受到個體性與連結性驅力的影響。

Priscilla Friesen Felton 講課時強調婚姻在家人過世後的重要性。

Goodall 在一些著作記載了她的觀察，她的研究精華可以在以下這本書找到，*Understanding Chimpanzees*, edited by P. Heltne and L. Marquardt, Harvard University in cooperation with the Chicago Academy of Sciences, Cambridge, Mass., and London, England, 1989.關於芙蘿、福林特的故事，請參考書中第 27 頁。

Kathleen Kerr 對於自我分化的本質有非常清楚的闡述，認為基本自我就是內在指導系統，自我界線相對地具有或多或少的滲透性。她的報告被收入在 *Family Center Report*, summer, 1988.

內在指導系統的本質是由 Daniel Papero 所闡述，內容取自他在喬治城家庭中心的學術講授，亦可參考 Bowen Family Systems and Marriage, in N. S. Jacobson & A. S. Gurman (Eds.), *Clinical Handbook of Marital Couple Therapy* (pp. 11-30). New York: Guilford Press.

第 4 章：系統思考與觀察歷程

包溫所述節錄自 Bowen, M. : *Family Therapy in Clinical Practice*, New York, Jason Aronson, 1978, pp.418-420. 三角關係節錄自 pp.478-479.

MacLean, Paul: *A Triune Concept of Brain and Behavior*, Toronto and Buffalo, University of Toronto Press, 1973.

Goodall, J., *Through a Window, My Thirty Years with the Chimpanzees of Gombe*, Boston, Houghton Mifflin, 1990.

deWaal, F., *Chimpanzee Politics*, Baltimore, Johns Hopkins University Press, 1982, 1989.

第 5 章：關係模式與姿態

包溫所述節錄自 Bowen, M. : *Family Therapy in Clinical Practice*, New York, Jason Aronson, 1978, p.476.

MacLean, Paul: *A Triune Concept of Brain and Behavior*, Toronto and Buffalo, University of Toronto Press, 1973.

這些概念大多數可以參考莫瑞‧包溫醫師的著作：*Family Therapy in Clinical Practice*, New York, Jason Aronson, 1978.

第 6 章：關係中的情緒

包溫所述節錄自「An Odyssey Toward Science」，此為下面這本書的結語，*Family Evaluation* by Michael Kerr and Murray Bowen, New York, Norton and Co., 1988.p. 360.

Paul MacLean 博士針對大腦三位一體概念之研究，描述情緒系統的生存面貌。請參考 *A Triune Concept of the Brain and Behavior*, Toronto and Buffalo, University of Toronto Press, 1973.

第 7 章：衝突

包溫所述節錄自 Bowen, M. : *Family Therapy in Clinical Practice*, New York, Jason Aronson, 1978, pp.377-378.

第 8 章：情緒疏離

Kathleen Kerr 在 1986 年於授課中的簡單描述，是我聽過關於疏離姿態的最佳註解：「人們就是知道他們什麼時候有這樣，什麼時候沒有這樣。」

Frans deWaal 對於動物行為的描述，可參考 deWaal, F., *Chimpanzee Politics*, Baltimore, Johns Hopkins University Press, 1982, 以及 deWaal, F., Peacemaking Among Primates, Harvard University Press,1989.

第 9 章：情緒切割

包溫所述節錄自 Bowen, M. : *Family Therapy in Clinical Practice*, New York, Jason Aronson, 1978, p.536.

關於這個一般戲劇情節的故事，取自多年前一位不知其名的廣播主持人在電台上所說。

第 10 章：過度高功能與低功能的互惠關係

包溫所述節錄自 Bowen, M. : *Family Therapy in Clinical Practice*,

New York, Jason Aronson, 1978, p.378.

第 11 章：三角關係

包溫所述節錄自 Bowen, M. : *Family Therapy in Clinical Practice*, New York, Jason Aronson, 1978, p.478.

第 12 章：重複性

Freud, S.: "The Dynamics of the Transference," in *Sigmund Freud, Collected Papers*, Vol. 2, Basic Books, New York, 1959.

關於新、舊的科學理論，請參考 Motz, L., and Weaver, H. H: *The Concepts of Science From Newton to Einstein*, Plenum Press, New York, 1988.

我得以從包溫家庭系統理論來思索這個主題，主要受到多次在喬治城大學家庭中心報告此主題的機會所賜。

第 13 章：家庭星座與手足位置

這個部分節錄自 *Family Constellation* by Walter T^an, 3rd edition, New York, Springer Publishing Co., 1976.

第 14 章：脫軌的關係

包溫所述節錄自 Bowen, M. : *Family Th* ^ *Clinical Practice,*

New York, Jason Aronson, 1978.

第二部：卓越關係的輪廓

包溫所述節錄自 Bowen, M. : *Family Therapy in Clinical Practice*, New York, Jason Aronson, 1978, p. 537.

我對於理想關係特質的想法，主要是在學習過程中受到 Roberta Holt 博士在臨床督導所繪圖形的催化。

第 15 章：理想境界──區隔、平等、開放

包溫所述節錄自 Bowen, M. : *Family Therapy in Clinical Practice*, New York, Jason Aronson, 1978, pp. 364, 370, 473, 537.

本章關於關係中的開放溝通是參考以下文章：" What is Communication？" at the Georgetown University Family Center's Annual Symposium, 1986.

第三部：邁向更美好的關係

包溫所述 Bowen, M.: *Family Therapy in Clinical Practice*,

New York, Jason Aronson, 1978, pp. 371, 495.

第 16 章：增長自我

包溫所述節錄自 Bowen, M.: *Family Therapy in Clinical Practice*, New York, Jason Aronson, 1978, pp. 316, 317, 371, 540.

「增長自我」這個貼切的名稱是過去和 Kathleen Kerr 在臨床督導中所用。

第 17 章：管理關係中的情緒我

包溫所述節錄自「An Odyssey Toward Science」，此為下面這本書的結語，*Family Evaluation* by Michael Kerr and Murray Bowen, New York, Norton and Co., 1988, p.360.

包溫所述節錄自 Bowen, M.: *Family Therapy in Clinical Practice*, New York, Jason Aronson, 1978, pp. 362, 495.

Elmer Green 所述節錄自「Some Historical Notes on the Biofeedback Research Society: Leading to Its Formation in October 1969」, *Biofeedback*, Winter, 1989.

Elmer Green 和 Alyce Green 兩位博士身為這個領域的先驅，他們的工作極為重要，尤其是：Elmer Green, "Biofeedback, Consciousness and Human Potential," *Perkins Journal*, Vol. 39, April 1986; 以及 Elmer Green and Alyce Green, "General and Specific

Applications of Thermal Biofeedback" 和 *Biofeedback: Principles and Practice for Clinicians*, 2nd edition, edited by Basmajian, Williams and Wilkins, 1983, Chapter 15.

有關生理回饋訓練及其在關係上的可能性等相關文章，皆發表在這些年喬治城大學家庭中心所舉辦的生理回饋研討會「Physiology and Relationships」，可索取這些錄音檔。

我特別要感謝我的教練、朋友和同事 Louise Rauseo 和 Priscilla Friesen Felton 兩位女士，協助我開始學習生理回饋時在經驗和理論上的理解。

第 18 章：處理感覺和因應危機

包溫所述節錄自 Bowen, M.: *Family Therapy in Clinical Practice*, New York, Jason Aronson, 1978, pp. 292, 422.

多年前我參加紐約州立大學水牛城分校精神科校友的會議，在當中一個住院醫師培訓的課程，將危機此一有用的概念改以「一段急速改變的時期」來呈現，說明人們在這段時間可以永久性地增加或降低他們的功能。報告者姓名不詳。

第 19 章：打破關係的十大迷思和改善關係的十大途徑

包溫所述節錄自 Bowen, M.: *Family Therapy in Clinical Practice*, New York, Jason Aronson, 1978, pp. 363, 364.

第 20 章：理論實踐

多數觀念是這些年來我自己將理論實踐在生活中的體會，以及在臨床工作上各種狀況的運用心得。

「在關係中製造出來的，也可以在關係中改變。」是節錄自 1991 年 Michael Kerr 醫師在臨床研討會的言論，該言論節錄自包溫醫師。

——友誼

關於友誼系統，Walter Toman 博士發表在 1986 年 Georgetown University Symposium 的研究是最有趣的報告。

我個人對於這方面的想法，如同理論的許多層面，也受到我自己的友誼關係所催化，特別是我和 Carroll Hoskins Michales 社工師的友誼，她在包溫家庭系統理論的廣泛工作，從一開始到現在對我都是很大的鞭策與挑戰。

——愛情關係

包溫所述節錄自 Bowen, M.: *Family Therapy in Clinical Practice*, New York, Jason Aronson, 1978, p. 540.

——親子關係

包溫所述節錄自 Bowen, M. : *Family Therapy in Clinical Practice*, New York, Jason Aronson, 1978, p. 297.

——離婚

包溫所述節錄自 Bowen, M. : *Family Therapy in Clinical Practice*, New York, Jason Aronson, 1978, p. 535.

推薦讀物是 *Adult Children of Divorce* by Edward Beal, M.D. Beal 醫師和包溫醫師共事多年，他是喬治城家庭中心的教師。

──單身生活

包溫所述節錄自 Bowen, M. : *Family Therapy in Clinical Practice*, New York, Jason Aronson, 1978, p. 536.

──專業關係

包溫所述節錄自 Bowen, M. : *Family Therapy in Clinical Practice*, New York, Jason Aronson, 1978, pp. 309, 310.

──職場關係

包溫所述節錄自「An Odyssey Toward Science」，此為下面這本書的結語，*Family Evaluation* by Michael Kerr and Murray Bowen, New York, Norton and Co., 1988, p.373.

喬治城家庭中心發表了這個主題「了解組織」，並在 Kathleen Wiseman 的領導下，以此主題開了一個研討會。

堪薩斯州草原村梅寧格家庭中心的 Donald Shoulberg 醫師，對我在這方面和各方面的想法都有很大的啟發。

──社會歷程與國際關係

包溫所述節錄自「An Odyssey Toward Science」，此為下面這本書的結語，*Family Evaluation* by Michael Kerr and Murray Bowen,

New York, Norton and Co., 1988, p.385.

同時，也節錄自 Bowen, M. : *Family Therapy in Clinical Practice*, New York, Jason Aronson, 1978, p. 279.

Calhoun 的研究在喬治城大學家庭中心許多課程中，被諸位講師加以闡述，這些講師包括 Calhoun 博士及其他講師，特別是 Roberta Holt 和 Daniel Papero 兩位博士。

其他有關包溫家庭系統理論的書籍

Hall, Margaret: *Bowen Family Systems Theory and Its Uses*, Jason Aronson, New York. 一位社會學家的觀點。

Kerr, M. E., and Bowen, M.: *Family Evaluation*, W. W. Norton and Co., New York, 1988. 這是寫給治療師的書，但是也有許多非治療師的人閱讀。

Papero, D. V.: *Bowen Family Systems Theory*, Allyn and Bacon, Needham Heights, MA, 1990.

　　焦慮（Anxiety）：泛指有機體對於真實或假想威脅的反應。臨床經驗顯示在一定程度的分化之下，焦慮會持續地出現在生活中，包括個人與家庭模式的焦慮，而焦慮的產生不見得需要真實或假想威脅的刺激。基於上述理由，焦慮可以簡單地定義為**情緒升溫的反應**（heightened reactivity）。焦慮可能是對於壓力源的反應，壓力源來自家庭系統或這個人之外，或是從系統內部或這個人的內心產生。焦慮可能是慢性的，多年來或多個世代隨著家庭系統傳遞下去，也可能是急性的──亦即，相對而言是短期的。在一個系統中，焦慮的影響非常多元：通常藉由更多的三角關係和其他關係姿態而增加了連結性。只要給予足夠的焦慮，任何分化程度都會產生嚴重的生理、心理、情緒或社交症狀。焦慮在身體中會出現明顯的改變，包括細胞、器官和器官系統，也會在想法、行為表現與模式顯示出來。

基本自我（Basic Self）：自我的核心，引導並決定自我方向的主要來源。一部分是不經思索或情緒性的，一部分則是思慮周全的。基本自我思慮周全的部分源自一套有意識的原則，這些原則可以被視為內在引導系統。基本自我是不接受妥協的，亦即它不會在關係中放棄自我，也不會在關係中取得他人的自我來增加自己的自我，因此，它被視為具有不能「滲透」的界線。基本自我不同於假自我或功能性自我，假自我具有可滲透的界線，可以在關係中放棄或增加自我。在有利的情況下，功能性自我會表現得更有功能——情況不利時，則剛好相反。因為擁有內在引導系統及可滲透的界線較少，基本自我在各種狀況都顯得比較穩定。分化程度較高的人擁有較多的基本自我，而分化程度較低的人則有較少的基本自我。

自我分化（Differentiation of Self）：包溫家庭系統理論的基石，也是學習這個理論的人們持續努力的項目。「分化」這個名詞來自胚胎學，胎兒發展時，初期相同的細胞會轉變成不一樣的細胞。它們進行「分化」以形成身體的不同器官。這個概念被應用在自我上，描述人們運用自己的能力來適應種種差異——亦即，處理生活的迫切需要，以達到自己的目標。人們會表現出何種程度的自我分化，要視他們對原生家庭未解決的情緒依附而定。分化的指標包括健康狀況、身體素質、智力、社交技巧與情緒成熟度。至於人們的分化程度是非常高，還是非常低，完全取決於這個人目前有多少的基本自我。分化程度較高的人，他們擁有比較多的基本自我，

生活往往較有成就，無論在職業上和他們的關係中都是如此。他們也比較少出現生理、心理／情緒和社交上的疾病。一個人獲得越多的基本自我，他或她就有越多的內在方向，越有機會能夠決定何時讓情緒或理智來主導。分化程度較高的人相較於分化程度較低的人，更常按照他們的原則過生活，而這些原則是經過深思熟慮的。他們對於想法與感受的不同功能也可以有更多的選擇。分化程度較低的人在想法與感受的功能上選擇較少，行為模式傾向於以情緒為主並且比較不經思索。以情緒為主的行為模式包括盲從、反抗和害怕被拒絕。相較於分化程度較高的人，分化程度較低的人也有比較多的依附需求。自我分化大致上跟情緒成熟很像，然而這兩個概念還是有些差別，因為自我分化與實際年紀的增長無關，有時候和情緒成熟有關。相較於情緒成熟，分化是一個更廣泛的概念，涵蓋一個人所有層面的功能，包括身體健康。這個概念包含一套相當詳細的原則，當付諸實行的時候，不只要增進情緒和關係的功能，也要提升理智、社交及身體層面的功能。分化程度與基本自我的多寡有直接的關聯性，分化程度越高，就會發展越多的基本自我；分化程度越低，基本自我就越少。唯有透過多年的觀察並考量重要他人的分化程度，才能夠正確評估一個人的分化程度。情緒系統的任何一個人都可以表現得很優秀，只要這個系統中的其他人付出代價就行。因為環境的影響，讓人比較容易觀察到功能性自我，更甚於基本自我。

情緒成熟（Emotional Maturity）：個體有能力以適當的方式來調節自我的情緒部分——所謂適當的方式是指當長期利益與短期利益衝突時，長期利益優先於短期利益。這個概念與自我分化類似，但並非自我分化的全部概念（也請參考**自我分化**）。

情緒系統（Emotional System）：一群人相處了一段時間，彼此形成有意義關係的情緒單位。這可能是一群動物、一個人類家庭（核心或延伸），或一個職場系統。從個體到個體的情緒或感覺循環是透過情緒反應模式——疏離、衝突、過度高功能／低功能——或三角關係。

這個名詞也和個體內在的情緒系統有關，亦即情緒性反應涉及的神經系統與器官。舉例來說，察覺到危險可能涉及感官器官，如眼睛和耳朵、爬蟲類大腦或邊緣系統、下視丘刺激腎上腺、腎上腺分泌腎上腺素，進而讓血壓升高、心搏出量增加，以及許多其他的生理反應，使得攻擊或逃跑的反應更有效率。

情緒（Emotions）：這種本能的驅力驅動著動物和人類。在爬蟲類和比較複雜的物種都可以發現的領域性和生育，或是較高等哺乳類才有的養育下一代和玩耍，都是這些驅力的例子。這些時時刻刻在運作的反應，來自中腦的不同部位，並且是由個體的「情緒系統」來執行，包括大腦—神經系統—肌肉或其他涉及情緒的器官。情緒也包括攻擊或逃跑反應，以及各種反應模式，而這些反應模式是有機體在成長時，經過長時間重複設定而形成。

感覺（Feelings）：各種不同強度的喜悅或痛苦經驗。它們源自個體的情緒系統，並且為個體所覺察。

功能性自我（Functional Self）：請參考**基本自我**。

融合（Fusion）：兩個或多個自我的情緒依附，母親／孩子的共生就是一個典範，在任何緊繃或主要的關係中也會看到融合。融合中的兩個自我，彼此情緒緊繃與連動，在關係中形成一方失去自我，另一方獲得更多對方的自我的現象。

內在引導系統（Inner Guidance System）：請參考**基本自我**。

核心家庭情緒系統（Nuclear Family Emotional System）：請參考**情緒系統**。

假自我（Pseudo Self）：自我的一部分，在關係中妥協交換（請參考**基本自我**）。

反應（Reactivity）：有機體的傾向是在感受到威脅或他人的焦慮時做出回應。

分化量尺（Scale of Differentiation）：一個想像中的連續向度，所有人都會落在最高分化到最低分化之間。因為分化概念包含很廣泛的意義，這個量尺並非真實存在，也很難發展成量表。要長時間評估一個人的分化程度，並且在多面向的關係系統中進行是不可缺少的。

自我（Self）：請參考**基本自我**。

共生（Symbiosis）：一種兩人之間相互依賴的情緒依附。這個

概念來自生物學，兩個有機體為了生存而彼此依賴，例如，人類與腸胃道內特定細菌相互共生的現象。這些細菌產生維他命 K，是人類血液凝固的主要成分。在家庭裡，個人將自我融合到情緒關係可以被視為情緒共生。當一個人得以解除全部的共生，就可以說是完全分化的自我。由於人們保有部分程度的共生，自我的分化並不完整，自我容易在其他關係中形成情緒依賴。

系統（System）：在人類或其他動物之間或之中的情緒關係。個體藉此和對方形成情緒上的重要對象，或是有所關聯，會花大量時間跟對方在一起。當人這麼做的時候，他們遲早會開始在情緒上相互激發對方，形成情緒從一個人「傳遞」給另一人的現象，這個現象會成為可以觀察到的模式（請參考**情緒系統**）。

三角關係（Triangle）：三個人在情緒上相互關聯——情緒系統的基礎單位。不同的兩個人之間產生的情緒緊繃形成了三角關係，焦慮在其中流動。每個家庭系統都有許多三角關係，其中一些還牽涉到更大的社會機制。同樣地，社會本身也是由許多連動的三角關係所形成。

包溫醫師數次書寫在假設性分化的量尺下，各種不同等級的生活樣貌。以下是他在 1971 年撰寫的其中一段內容：

「自我分化量尺（**Differentiation of Self Scale**）。這個量尺是在一個單一連續體上，評估人類從最低到最高功能的一種方法。量尺的分數範圍是從 0 到 100……

「在量尺最低點是最低可能性的自我，或最大程度的無自我或未分化。在量尺最高點為一個假設性的程度，是人類仍未達到完全分化的完美自我。分化程度是一個人的自我在緊密的情緒關係中，與另一個自我融合或合併的程度。這個量尺排除了精神醫學一向難以定義的正常與否之觀點。

「這個量尺與情緒性疾病或精神病理無關。一些低自我分化的人能夠管理和維持他們生活的情緒平衡，沒有發展出情緒性疾

病，也有一些分化程度較高的人在劇烈壓力下出現嚴重症狀。然而，低自我分化的人面對壓力時相當脆弱，比較容易生病，包括生理和社交方面的疾病。發生這種情況時，他們的功能障礙很可能會變成長期狀態。分化程度較高的人在壓力過後能夠很快地恢復情緒平衡。

「自我有兩種不同程度的假設。一種是堅固自我（solid self），由信念和想法穩固地組成。它建立得很緩慢，可以從自我本身加以改變，但是絕不會因為他人的壓迫或說服而改變。另一種程度的自我是假自我，由吸取他人的知識與原則所組成。假自我是從他人獲得並且在人際關係中是可以妥協的。為了強化或反對他人眼中的自我形象，假自我會在情緒壓力下有所變化。

「在一般人中，堅固自我的程度相對地比假自我的程度低。假自我在大多數關係中都能夠正常運作，但是在像婚姻那樣強烈的情緒關係裡，一個人的假自我會與另一個人的假自我合併，一方變成功能性自我，另一方則成為功能性的無自我。在融合狀態中情緒的相互影響，亦即未分化之家庭自我團(undifferentiated family ego mass)，就是家庭情緒系統動力中的主要議題。

「低自我分化的人生活在無法區別感覺和事實的感覺世界，大部分的生活能量熱衷於尋求愛或認可，或是因為對方沒有提供這些需求而攻擊對方，已經沒有能量發展自我或目標導向的活

動。低自我分化者的生活完全以關係為導向，基於感覺對了而做出重大生活決策。一個低自我分化的人之所以能夠過著正常的無症狀生活，是因為這個人透過付出和接納愛，以及與他人分享自我來維持感覺系統的平衡。低自我分化的人經常借貸和出借自我，因此自我的功能程度呈現極大波動，除非經過長時間觀察，否則很難評估他們基本自我的程度。

「以一個團體來說，低自我分化的人較容易出現問題。人際關係薄弱，當他們正試著處理之前的問題，新的問題卻在意料之外的地方出現。關係失去了平衡，家庭功能因為疾病或其他問題而崩壞。他們過於麻木而無法感覺，不再有任何精力去尋求愛和認可，許多能量都投注在每天生活中不愉快的事情上。在量尺上最低點的人，是那些受損傷太多而在生活上離不開照顧機構的人。

「位於量尺 25～50 分之間的人也生活在被感覺支配的世界，但是自我的融合較不強烈，自我分化的能力一直在增加。重大生活決策是根據感覺對錯而非原則，大部分能量都投入在尋求愛和認可，幾乎沒有精力從事目標導向的活動。

「位於 35～40 分之間的人是以感覺為生活導向的最佳例子。他們不像較低尺度的人會表現出損傷或生活麻痹的特徵，感覺導向更明顯可見。他們對於不協調的情緒、他人的意見和塑造良好的印象都很敏感，也對臉部表情、肢體語言、聲調語氣、

認可或不認可的表達動作非常敏銳。來自重要他人的認同是在學校或工作成功的決定因素，更甚於工作的基本價值。他們會因為得到愛和認可而情緒高昂，或是缺少愛和認可而痛苦。這些人具有低度的堅固自我，但是擁有合理程度的假自我，這個假自我是從關係系統取得並且可以互相妥協。

「位在 25～50 分之間、分化程度偏向 50 分這邊的人，對於理智原則有些覺察，但是這個系統仍然與感覺融合，導致萌發中的自我看起來獨斷權威、像是學徒般服從，或像是叛逆者的反抗。在這群人當中，有些人會將理智運用在關係系統。年幼時，將這種能力運用在學業上，使他們獲得認可。他們缺少自己的信念與主張，但是能夠很快地知道別人的想法與感覺，這種對別人的了解提供他們一個膚淺的假自我。如果他們的關係系統認可，他們就可以成為優秀的學生或學徒。若他們的期望不被滿足，他們將在既定的規律中，以相同比例的對立強度塑造出反抗的假自我。

「位於 50～60 分之間的人能夠覺察感覺和理智原則的差異，但是他們仍然受到關係系統的影響，對於要說出他們所確信的主張會感到猶豫，以免得罪別人。

「位於量尺更高分數的人可以有效地認清感覺和理智原則的差異，能夠自在且平靜地表達自己的信念，不會為了增強自我或為自己辯護而攻擊他人的信念。這些人完全不受感覺系統的控

制，可以在私人的情緒緊密或目標導向活動之間做選擇，而且能夠從任何一個選擇得到滿足和愉悅。相對於低自我分化者所呈現出自我中心、過度重視或貶抑自我的評價，他們對於他人給予自我的評價比較有現實感。

「做為一個全面觀察人類現象的理論性概念，自我分化量尺極為重要。它的價值在於評估人們的整體潛力並預測他們普遍的生活模式，但是並不適合做為逐月甚至逐年的短期評量。假自我在關係系統中有太多出借、借貸或妥協的情況，尤其是在分化程度較低的人身上，所以自我功能會有很大幅度的變化，難以運用這些短期資訊來評估自我分化程度。

「大部分人以相同的自我分化程度過生活，他們的自我分化程度與離開父母家的時候是一樣的。他們在婚姻中鞏固這個程度，而後便沒有太多改變這個分化程度的生活經驗。許多生活經驗會自動地提升或降低自我的功能性程度，卻也讓這種變化來得容易，失去也容易。提升自我基本程度的方法有很多，然而這是一項具有永久價值的生活任務，而且很容易覺得努力與收穫不成比例。在此描述的心理治療方法是要幫助家庭達到更高的自我分化程度。」

包溫在 1972 年寫道：

「位於量尺下半段的人生活在『感覺』掌控的世界，多數時候感覺和主觀勝過了客觀的推理過程。他們無法區別感覺和事實，會根據什麼是對的『感覺』來做重大生活決定。主要的生活目標都環繞在愛情、快樂、舒適與安全感；當與他人的關係達到了平衡狀態，這些目標就近乎完成了。生活中大部分的能量都熱衷於尋求愛和認可，或因為對方無法給予這些需求而攻擊對方，導致幾乎沒有能量來發展自主、目標導向的活動……一個重要的生活原則是『接受與付出』愛、關心和認可，只要人際關係系統處於舒適的平衡狀態，生活就能夠維持沒有症狀的適應。若發生破壞或危害關係平衡的事件，就會出現不適和焦慮。人際關係系統的長期破壞導致功能障礙，容易產生生理、情緒性疾病及社交功能障礙等問題。位於量尺上半方的人，擁有界定得越來越清楚的基本自我和較少的假自我。每個人都有更自主的自我：在親密關係中較沒有情緒融合，較不需花能量在融合關係中維持自我，而有更多能量投入目標導向的活動，並且從這些活動獲得更多的滿足。一個邁入 50 分以上的人，區辨感覺和客觀現實的能力越來越好，例如位於 50～75 分之間的人更能夠在關鍵問題上保有信念和想法，但是仍然會在乎別人對他們的看法，有些決定是基於不想冒著重要他

人不認可的風險而做的。

「根據這個理論，在量尺 100 分以下，親密關係都存在著某種程度的融合，以及某種程度的『未分化之家庭自我團』。最初發展量尺時，100 分是保留給在情緒、細胞與生理運作各方面皆完美的人。我料想某些歷史上的非凡人物或現實生活中的一些人可以符合 90 分的等級。對於這個量尺有更多經驗之後會發現，所有人在生活中皆有功能良好及功能不好的部分……在我印象中，位在 75 分的人算是程度非常高了，而 60 分以上的人只占社會上非常小的比例。

「高自我分化者的特徵傳達了這個概念非常重要的一部分，他們在操作上能夠清楚分辨感覺與思考的不同……可以將感覺與思考分開，讓生活更多受到深思熟慮想法的掌控，相較於低自我分化者的生活則受制於情緒過程的起伏。在與他人的關係中，高自我分化者能夠自由地從事目標導向活動，或是在親密關係中失去『自我』。相較之下，低自我分化者不是必須逃避人際關係，以免自動陷入令人不快的融合狀態，就是為了滿足情緒『需求』而持續追求親密的關係。高自我分化者較少受到讚美或批評的影響，比較能真實地評估自我，而自我分化程度較低的人，其評估往往遠高於或低於真實的狀態……

「……詳細記錄家庭在功能上的逐年變化，能夠相當準確地闡明家庭成員之間的模式……在量尺上只有幾分之差的兩個人，

因為生活型態差異極大而不會選擇對方並發展私人的關係。許多生活經驗可以提高或降低自我的功能性程度，但是很少能夠改變早年在原生家庭獲得的基本分化程度。除非出現了某個特殊狀況，否則從原生家庭得到的基本程度會在婚姻中被強化，之後只有功能性的調整而已。這些功能性調整可能相當驚人，例如，一個妻子的功能性程度原本和先生相同，可能逐漸失去自我而長期酗酒，然後她會生活在遠低於自己原本的功能程度，而先生則遠高於他原本的功能程度。許多這類功能性程度都已經十分鞏固，對於沒有經驗的人，它們看起來就像是基本程度。」

到了 1976 年，包溫更詳細地闡述這個概念：

「接近這個連續體融合的一端，理智已被情緒淹沒，所有生活方向都由情緒過程決定……而非信念或意見，理智成為感覺系統的附加物。它可能在數學、物理或是與個人無關的領域運作良好，但是在自身部分仍然受到情緒控制。情緒系統被假定為本能驅力的一部分，用以支配自主功能。即便人類善於強調自己與低等動物的差異，否認與自然界的關聯，但是由情緒系統主導的本能行為卻存在於所有生物中，具有同樣的預測性。儘管理智上的解釋背道而馳，但其實生命越受情緒系統支配，生

命的運作越按照所有本能行為的軌跡。自我分化程度較高的人，比較能夠清楚地區別情緒與理智系統的功能。雖然掌管本能行為的自動情緒驅力是一樣的，然而理智能夠充分自主地掌握邏輯推理並根據思考做決策。當我最初提出這個概念時，我以『未分化之家庭自我團』來形容家庭中情緒『黏在一起』的狀態。雖然這個用語是以一般理論的字詞所組成，與生物學的觀念有所不同，它相當準確地描述情緒的融合……

「最常見的批評是認為一個分化的人顯得很冷漠、有距離感、嚴格且沒有情緒。對專業人員來說，要掌握分化的概念很困難，他們一直以來都認為自由地表達感覺是高功能的表現，而理智化表示對此不健康的抵抗……一個分化不足的人被困在感覺的世界中……一部分這些……人會採用隨機、相互不一致、聽起來很理智的言語來解釋他們的困境。一個比較分化的人能夠自由地投入情緒的氛圍，不害怕與別人變得過於融合。他也能夠轉為冷靜、以邏輯判斷來主導他的生活，而這種邏輯推理的理性過程和情緒融合者的前後不一或理智化的言論相當不同……

「……這個原理的架構和使用量尺的說法，導致數百封信件想要索取這套『量尺』，大部分來信者不僅沒有掌握這個概念，也不了解主導各種分化程度的變數……理論性概念最重要，因為它除去了精神分裂症者、神經官能症者和正常人之間的界

線，也超越了天才、社會階層和文化—民族差異等分類。它適用於所有人的生活型態，若我們知道得夠多，它甚至適用於其他近似人類的生物……

「……在情感親密的時候，兩人的假自我會互相融合在一起，一個人失去了自我，另一個人獲得了自我。堅固自我並不會參與融合的現象，表明：『這就是我，這是我所相信的，這是我的立場，這是我願意或不願意做的』。堅固自我是由清楚界定的主張、想法、信念和生活原則組成，這些是一個人從自己的生活經驗中，經過理智判斷和謹慎考量可能的選擇之後，被併入自我之中……即使在高度焦慮或被脅迫的狀態下，每個信念和生活原則都是相互一致，自我也會遵循這些原則運作……

「假自我是由情緒壓力塑造而成，也會受到情緒壓力而改變。無論是家庭或整個社會，每個情緒單位都會對團體成員施加壓力，使他們順應團體的理念與原則。假自我是由各種取得的原則、信念、哲理和知識所組成，因為它是被團體所要求或認為正確的。由於這些原則是在壓力下取得，它們是隨機、相互矛盾的，而且人們也不會察覺到這些差異。相對於堅固自我是經過謹慎、邏輯的推理而併入自我之中，假自我則是附加在自我之上，是『假裝的』自我，為了順應周遭環境而形成，其中包含了各式各樣及彼此相互矛盾的原則，會假裝與社會團體、機構、企業、政黨和宗教團體處於感情和諧的狀態，也不會意識

到群體之間的矛盾，而參與團體的動力受到關係系統影響遠大於原則判斷……堅固自我能夠理智地覺察到團體之間的矛盾，是否加入團體的決定則基於仔細權衡利弊的理智過程。

「假自我是一個能夠扮演許多不同自我的演員，可以扮演的角色非常廣泛。他能夠扮演得比實際上更重要或更不重要、更堅強或軟弱、更有魅力或沒有魅力……堅固自我的程度是穩定的，假自我則是不穩定的，假自我會受到各種社會壓力或刺激而做出回應。假自我是在關係系統的指示下形成，並在其中有所妥協……

「……我認為堅固自我比我們大多數能夠察覺的程度還要低，假自我……則比較高。假自我以付出、接受、借貸、出借和交換自我的許多方式，參與融合的過程。在任何一個交換的過程中，一個人向另一個人放棄了部分的自我，兩個人都嘗試成為對方想要的自我，並且會互相要求彼此能夠不一樣。這就是假自我的假裝和出借。在婚姻中，兩個假自我會融合為一個我們，主導的一方會獲得對方所失去的自我，配合的一方或許會自願放棄自我給主導的對方；或者，這種交換也可能在討價還價之後完成。夫妻之間越能夠互相交替這些角色，婚姻就會越健康。自我的交換可能是長期或短期的。在一個工作團隊中，可能會自動地借貸與出借自我，結果是某個人得到自我，而另一個人處於失去自我或減少部分程度的自我。假自我的交換是

一個自動的情緒過程，發生在人們以微妙的姿態互相操弄對方的時候。交換有時候是短暫的，例如，批評能夠讓一個人因此不開心好幾天；交換有時候是長期的，例如，一個具有適應力的伴侶逐漸失去自我，直到已經無法再為自己做決定，最後因為無自我的失功能──精神病或慢性疾病──而崩潰。當自我分化程度較佳或焦慮很低時，這些機制不會這麼激烈，但是人們在情緒網絡中失去和獲得自我的過程十分複雜，變化的程度相當大，除非長期追蹤一個人的生活模式，否則不可能評估分化的功能性程度。

「低自我分化者的樣貌……當表達意見或主張是正確的時候，他們會說：『我感覺……』，他們認為表達『我感覺』是發自真心誠意，表達意見則虛偽又不誠懇。他們每天的生活都致力於維持人際關係系統的平衡，或是努力在焦慮時能夠達成某種程度的舒適和自由。他們不能訂定長期目標，模糊的用語例外，如『我想要成功、快樂、有個好工作或有安全感』。他們依賴著父母長大，之後會尋找同樣可以依賴的人際關係，以借用足夠的力量來過日子。比起擁有自我的人，無自我者善於取悅老闆，比較容易成為一名好員工。這一群人忙著在所依賴的人際關係中維持和諧，他們無法解決一個又一個症狀性的危機，也放棄浪費精力去適應……

「中度自我分化者的樣貌……生活型態比自我分化程度較低的人更有彈性。當焦慮很低的時候，運作猶如分化程度良好的人；焦慮升高的時候，運作就像低自我分化者。他們的生活以關係為導向，較多的生命能量都用於愛與被愛，以及尋求他人的認可，與分化程度較低的人相比，更能坦率地表達感覺。這些人的生命能量比較著重在別人怎麼想，以及想要贏得朋友和認可，更甚於目標導向的活動。自尊仰賴別人的評價，會因為一句讚美而情緒高昂，遭受批評則情緒低落。在學校的成功往往是因為了解學校系統和取悅老師，更甚於學習此一主要目標。事業或社交生活的成功比較取決於取悅老闆或社交領袖，以及他們認識的人和獲得的社會地位，更甚於工作本身的價值……缺乏一種對於世界知識的自我堅信，所以他們會運用假自我的句子，如『原則上……』或『科學證明……』，摘取片段資訊以表達自己的觀點。他們或許有充足且不受約束的智慧來掌握與自己無關的學術知識……但是缺乏與自身相關的認知，他們個人的生活混亂不堪。

「假自我是一位服從的學徒，假裝與某種特定的哲學或一套原則和平相處。感到煩躁時，他會扮演反叛者或革命人士的反派角色。這位反叛者缺乏自我，他的假自我姿態只不過是與大多數觀點完全相反而已。革命人士反抗既有的系統，但是他在這個位置上並沒有付出任何東西。在情緒情境的另一端也有相同

的狀況，這使我將這樣的反抗定義為妨礙改變的抽搐。它是關係導向的力量，在相同的幾個點上來回徘徊，問題是任何一個面向都取決於另一個面向；沒有一個面向能夠獨立存在。

「中度自我分化者具有最強烈而明顯的感覺表達……他們終其一生都在追尋理想的親密關係。當達到了親密性時，情緒融合會增加，導致他們以保持距離和疏離來回應，之後激發了另一個親密性的循環。當他們找不到親密性，可能會退縮和沮喪，或在另一段感情中追尋親密性……

「**中度至良好自我分化者的樣貌**。這些人有充足的分化能力，能夠區辨情緒和理智系統，使兩個系統成為一個合作的團隊來運作。理智系統……能夠自我掌控和自主運作，當焦慮增加時，不會被情緒系統控制。50 分以上的人……已經知道情緒系統在大部分運作的領域是有效的，但是狀況危急時，這些不經思索的情緒性決策卻為整體製造了長期問題。50 分以上的人已經對多數重要的生活議題發展出通情達理的堅固自我，他們平靜的時候，以邏輯推理發展信念、原則和主張，藉由運用這些原則讓他們焦慮或恐慌時還能夠控制情緒系統……在這群人之中，自我分化程度較低者知道有更好的方法，但是……他們最後仍然過著和 50 分以下自我分化者雷同的生活型態。

「在這群人之中，自我分化程度較高的人有更堅固的自我……

不再是情緒—感覺世界的囚徒。他們可以生活得更自在，在情緒系統中享受令人滿意的情感生活，能夠全然參與情緒事件，清楚知道自己在必要的時候，可以運用邏輯推理讓自己脫困。或許有些時候……他們允許情緒系統以自動駕駛模式全面掌控，但是遇到了問題，他們可以掌握全局，安撫焦慮並防止生活發生危機……他們並非沒有意識到關係系統，只是與其在乎別人的想法，不如依從內心的想法來決定人生方向……他們會與分化程度相當的另一半結婚。如果兩人程度不同，生活模式就不一樣，情感也不會相合。婚姻是一種功能上的合夥關係，伴侶能夠在不被對方奪取自我的情況下，盡情地享受情感的親密。他們能夠一起或單獨地成為自主的自我……夫妻……能夠允許孩子成長，發展他們的自主自我，而不會有不適當的焦慮，也不會試圖將孩子塑造成自己的樣子。夫妻和孩子都會為自己負責，不會因為失敗而責怪別人，或是將自己的成功歸於別人。自我分化程度較好的人能夠和他人，或獨自一人等所需的情況都有良好的表現。他們的生活比較有條理，能夠成功地因應廣泛的人際狀況，也沒有各種人際問題……

「……一個常見的錯誤是將自我分化較好的人視為一位『不完善的個人主義者』（rugged individualist）。我認為不完善的個人主義是一個人努力對抗情緒融合的誇大假裝樣貌，而自我分化者能夠隨時覺察到別人及自己周遭的關係系統。唯有廣泛掌

握整體人類現象的全貌，才能夠看清楚分化的現象，理解其中許多正、負向的力量和分化的細節。一旦看清了這個現象，就能夠將這個概念運用於數百種不同的人類狀況。若是不去了解就試圖運用它，只會徒勞無功罷了。」

附錄 3
托曼的手足位置（手足位置輪廓）

以下是沃爾特・托曼博士最初描述手足位置輪廓的精簡版本：

大家也應該要留意到許多人格發展與父母的手足位置有關，父母的人格特質一般來自於他們本身的手足位置，是影響孩子人格發展的重要因素。父母如何跟孩子互動大部分受到他們與其手足的關係影響。舉例來說，有哥哥的么弟當了父親之後，如果生了幾個男孩，可能比較容易與大兒子相處，就像他早年與自己的哥哥相處。這種關係將影響他的長子的人格發展，可能不同於這位父親與其他孩子的關係。所有手足的人格發展都會受到他們父母手足位置獨特的影響，這也回答了一部分下面的問題：「同樣的父母怎麼會養育出如此天差地遠的人？」

　　嘗試確定大家庭裡中間小孩的個人特徵之前，請先參考下文「排行中間的小孩」（273 頁）關於如何使用這份指南的說明。

有弟弟的長兄

　　有弟弟的長兄很容易替別人扛責任，尤其是男性。他認為照顧和關心團體是他的責任，期待別人的忠誠與信任做為回報。他很容易接受職權，但是可能變得盛氣凌人。他很清楚構成成就的要素並會加以實踐，對周遭女性敏感而害羞，會吸引排行最小的女性。如果有弟弟的長姊不是要當他的母親，那麼這樣的長姊也會喜歡他，至於有妹妹的長姊可能難以跟他在一起，因為他們都有爭取領導權的習性，會出現意見不合的衝突場面。他很可能選擇跟母親相同手足位置的女性為伴，若是得以維持與男性的友誼，對他的婚姻將很有幫助。如果他沒有變得太嚴肅、控制或冷漠，他會是一位負責且關心孩子的父親。他可以跟一些不同手足位置的人成為朋友，但是可能跟同樣身為家中兄長的朋友有所衝突。

有哥哥的么弟

　　有哥哥的么弟比較容易成為追隨者，特別依賴男性。他會與欣賞並尊重他的男性相處愉快，享受被其他男人了解的喜悅。他可能很固執、大膽、敢冒險或愛抱怨，他的身體強壯，心地善良、柔軟，對於追求成就的興趣，不如對生活品質與享受快樂時光來得在

乎。他並非目標導向或在乎細節的人，如果沒有受到例行職責的束縛，他可能會完成相當傑出和不凡的事情，特別在科學、技術或藝術領域。跟女性相處，如果不是無法預測的話，他通常溫柔、體貼又忠誠。有弟弟或妹妹的大姊，或是有哥哥的么妹會是他最好的伴侶，而有姊姊的么妹或獨生女跟他最不相配。他也會想要持續跟男性友人保持聯繫，他的好朋友比較可能是有弟弟的長兄、排行中間且下面還有弟弟的兄長，或父親是長子的獨生子。以父親的角色來說，他會是孩子們的好夥伴，但是可能在家中像個孩子。

有妹妹的長兄

有妹妹的長兄能夠了解、欣賞女性並相處愉快，他不會拒絕領導的角色，但是也不會刻意去追求。他對於男子氣概並不熱衷，也不會加入男性俱樂部。他不是個工作狂，秉持寬厚對待他人和自己的生活哲學，同時，他也不是個追求物質享受的人。他會為了生命中的女性而犧牲自己，而他最好的伴侶就是有哥哥的么妹。有弟弟的長姊可能對他太過於像母親照顧孩子，至於有妹妹的長姊，則對他缺乏吸引力。他會是個好父親，關心他的孩子，願意主動參與孩子的生活，但是他不會過度擔心孩子的狀況，因為對他而言，太太才是家裡最重要的人。他對於發展男性友誼興趣缺缺，在團體中他也是比較中立或不沾鍋的人。

有姊姊的么弟

有姊姊的么弟不費吹灰之力就能吸引周遭女性的好言請求、關心和服務，父母重視他，給他特權，而他也習慣在工作和家庭的人際關係中保持這樣的位置。他很容易取得領導的位置，尤其是女性的支持，但是他的男性同事可能對此有所懷疑。他有一種發展甚好的能力得以吸引女性，但是他真的不了解女性，總認為自己就是這些女性所需要的一切。他最好的伴侶是有弟弟的姊姊。有妹妹的長姊似乎自以為是並且對他相當嚴苛，有哥哥的么妹好像不夠有母愛且過於依賴，有姊姊的么妹看起來太衝動又滿懷野心。他不會特別熱衷於父親的角色，但是會滿足太太的願望，對於太太關注孩子可能會感到忌妒。他可以當孩子的夥伴和顧問，可能給予他們太多自由和獨立。相較於其他男性，他對於男性友誼較不感興趣。

獨生子

獨生子一直以來都習慣和較年長的人相處，終其一生喜歡身邊有年紀較長的人，希望得到他們的愛、關心和支持。他深信自己在事情發展歷程中的重要性。由於他比其他孩子受到父母更多的注意與激發，在成長過程裡經常可以將智力和才華發揮到極致。這種極致結合了來自父母、照顧者和老師的鼓勵，激發他將所熱愛的領域做出最好的成績。他甚至可以成為一位領導者，雖然這並非他專長的領域。為了享受生活、藝術、知性和文化交流，他會加倍努力，

但是比較不會為了物質享受而激勵自己，他最強大和自然的動機就是成為他人注意的焦點。在選擇配偶上，他最喜歡有弟弟的長姊、有妹妹的長姊、年紀比他大幾歲的女性，或是跟他母親一樣或相似手足位置的女性。他也可能和家中排行較小的妹妹相處愉快，只要她的年紀比他小就可以了。要和另一位獨生女結婚則有許多困難，因為雙方都無法滿足彼此潛意識上想要被關注的期待。他對於當父親沒有太大興趣，對小孩也許有些忌妒的感受，但是最後可能會過度保護或縱容他的孩子。男性友誼對他並不重要，倒是比較看重有父親形象的朋友。

有妹妹的長姊

　　有妹妹的長姊是照顧者，也是發號施令者。她喜歡掌控全場，並且從另一個有權位的人身上取得領導位置，通常是一位較年長或位階較高的男性，就像她的父親。她可以將一生毫無疑問地奉獻給一位男性權威長輩，重視責任和權力大於物質上的財富。想要對她獻殷勤的男性，或許會感受到她的威脅。對她來說，讓步是很困難的事情。有姊姊的么弟是性情最溫和的伴侶，但是她可能會批評他太軟弱或吊兒郎當，有哥哥的么弟也可以跟她相處融洽，至於有妹妹的長兄，因為他過往與女性的相處經驗，也許讓她覺得太自負，對於有弟弟的長兄，則很難和她發展情感上的親密。如果獨生子具有彈性，可能會是她的對象。她最感興趣的男性是和她父親相同手

足位置的男人。她重視孩子大於她的丈夫，孩子的出生往往可以舒緩婚姻中的緊張，她對於權威和照顧的需求，現在有了比較自然的出口。她也許會變得過度保護，某種程度上讓人有透不過氣來的感覺。她很喜歡孩子們的依賴。當他們離開時，她可能會苦於空巢期的症狀。在這樣的時期，她或許比其他女性更容易放棄婚姻和家庭生活。對她而言，女性朋友比男性朋友重要，她需要和女性朋友多年保持聯繫，特別喜愛的友人往往是有姊姊的妹妹。她也可以和獨生女的友人相處愉快，尤其如果她們的年紀比她小幾歲，或是這些獨生女的母親是家中么妹。雖然她不太容易跟有妹妹的長姊成為密友，卻很了解這些女性。

有姊姊的么妹

　　有姊姊的么妹熱情奔放、容易衝動，喜歡變化和刺激。她很有吸引力，免不了會和其他女性競爭，心情不定且反覆無常。如果有人想要控制她，她會覺得受挫。為了得到認可、稱讚和優越感，她認真工作，也會暗中尋求他人的指導。她一生都在尋求尊重，對此相當敏感，很容易受到暗示的影響，但是有冒巨大風險的勇氣。雖然對物品很感興趣，卻很難持續一致地收集想要的東西。對於男人，她的態度頗為矛盾，儘管很容易吸引男性，一旦男性想要控制她，她就會變得很有競爭性。有妹妹的哥哥是她最好的伴侶。雖然她很容易吸引有弟弟的哥哥，但是比較難跟這樣的男性相處。獨生

子和她最不匹配，除非這位男性的年紀比她大，或他的父親本身是家中的長兄。有姊姊的么妹需要家人或是雇用別人來幫助她扮演母親的角色，如果丈夫能幫忙照顧小孩，她更容易發揮母親的角色。她最好的女性友人是有妹妹的姊姊，或是排行中間且下面有妹妹的姊姊，而跟有弟弟的長姊或有哥哥的么妹，她也可以相處得來。

有弟弟的長姊

有弟弟的長姊獨立、堅強，喜歡照顧男人且不求回報，可是她周圍的男性卻感到很滿意。生命中的男性是她的主要重心。在工作上，她經常有優越感，但是不會表現出來，她創造出一種氛圍，讓人珍惜這份工作。她不會跟男性競爭，實際上還能促進彼此的關係，甚至可以向她的老闆提供建議。她對女性比較不感興趣，倒是很積極且似乎需要男性的陪伴。擁有物質不像擁有男性那樣能激發她的動機，然而她會是個很好的財富管理者。她可能贊助才華洋溢的男性。有姊姊的么弟、有哥哥的么弟，或是排行中間且至少有一個姊姊的人都會是她最好的伴侶。如果獨生子的父親是么弟，那麼這個獨生子和她也很相配。至於有弟弟的長兄，可能會產生爭奪權力的問題。她很愛照顧小孩，可能有重男輕女的傾向，對於丈夫在家庭中的被動，有時會感到沮喪。女性友誼對她並不重要，有姊姊的么妹跟她相處得最好。

有哥哥的么妹

　　有哥哥的么妹在所有手足位置中最吸引男性。她擁有一般男人希望的女性特質：女人味、好相處、有同情心、感性和機智。她會是個好夥伴，然而可能有點被寵壞和揮霍成性。她自己並沒有太大野心，倒是會因為有雄心大志的另一半而變得很有企圖心。她對工作沒有多大興趣，會因為所愛的男人而積極起來。她不在乎貧窮或富裕，通常她的哥哥或丈夫會把她照顧得很好。對於男性，她很有吸引力和魅力，男性會本能地找她作伴。她最好的伴侶是有妹妹的長兄，而最差的配對是有哥哥的么弟或獨生子，特別是如果他的父親是么弟或獨生子。她是個喜愛小孩的母親，但是她的孩子可能覺得她太依賴或引人注意。她喜歡丈夫勝於孩子，會培養兒子成為紳士和保護者的角色，女兒則可以從她身上學會如何有女人味、讓男人驚豔、順從他人，或是從男人身上得到自己想要的東西。女性友誼對她並不重要，女性朋友或許會羨慕她和男人相處的好運氣，而她跟她們長期的友誼往往是自然發展出來的。

獨生女

　　就像獨生子，獨生女習慣和長輩、權威人士或長官相處。她最強烈的動機就是獲得這些人的認同，希望他們對她有所偏愛。如果得到這些滿足，她會是個好夥伴。獨生女傾向於認為父母有義務要幫助並支持她直到成年。如果沒有一位保護者在旁邊照顧她，她的

事業可能會跌跌撞撞，就算身旁有人保護，或許她做得還是不如男性同伴那樣好。相較於保護者的關心，財富無法給她強烈的動機。與男性相處，她可能看起來有點被寵壞或自我中心。她的母親也許會幫她選伴侶，說不定還成為她嫁妝的一部分。獨生女是個好太太，會忠於對方。有妹妹的長兄會是她最好的伴侶，有弟弟的長兄能提供她所期待像父親那樣的指導，而有姊姊的么弟或排行中間且有姊妹的男性能夠教她了解女性，如果這些人大她幾歲會更好。除非在特定情況下，或是相親結婚而非相戀結婚，否則最不適合的伴侶是有哥哥的么弟或獨生子，要不然他們兩人的年齡差距比一般來得大會有幫助。如果她的丈夫從小認同父親，而且這位父親在家中排行老大也會有幫助。獨生女偏好只生一個小孩，而非多個小孩。若她的母親或是有一位母親可以跟她輪流照顧小孩，她扮演母親的角色會更容易。獨生女喜歡有女性朋友，尤其是他們可以像母親那樣對待她。如果這些女性朋友的年紀比她大，或是她們是有妹妹的姊姊，她將會更喜歡這樣的友誼關係，而她跟女性友人個別相處，會比在團體中來得好。

特殊的手足位置

　　除了托曼博士描述的十種經典位置之外，還有兩種位置相當複

272

雜或少見，值得特別加以說明。

排行中間的小孩

　　排行中間的孩子可能扮演一種以上的角色，因為他們與年幼和年長手足的關係各不相同。通常其中有一種角色最為鮮明，或是他們扮演了比較長的時間，這將一直是最為突出的角色。一般來說，和他們年齡最接近的手足比較重要。在大家庭中，兄弟姊妹會形成次團體，在這樣的例子裡，排行中間的孩子有時會成為類似最大或最小的手足位置。

雙胞胎

　　通常雙胞胎從出生就一起生活，相處的經驗和其他手足截然不同。由於受到家庭影響，一個人可能行使兄姊的職責——年長者負責——另一人擔任弟妹的角色——衝動和依賴的人。他們時常出雙入對地面對世界，很難想像沒有對方的生活會是如何。當雙胞胎有其他手足，他們兩人和其他在這個手足位置的人沒有差別，都擁有這個手足位置的特色和行為。比方說，當這對雙胞胎是排行最大的男性，有兩個年幼的妹妹和一個弟弟，他們就學會了有弟弟和有妹妹的長兄之角色。如果這對雙胞胎是女孩，上面有一個姊姊，她們倆都可能表現出年幼妹妹的角色。因此，她們應該被視為彼此關係中的手足，同時可能會採取相當於她們整體手足位置的社會行為和

互動偏好。

對於雙胞胎的描述也適用於三胞胎或四胞胎（這些相當罕見，所以很難做普遍的研究），但是他們對於彼此的關係會比雙胞胎更複雜和多樣性。相較於雙胞胎，他們更不依戀其他手足。至於明顯會改變家庭生活的環境因素，對他們更有影響力。

關係配對結果

當不同手足位置的人在一起，他們如何互動呢？托曼博士的「複製定律」（duplication theorem）表示：「事情是平等的，當它們越是呈現比較早年或最早（在家庭當中）個人所涉及的社交關係型態，新的社交關係也越容易持續和成功。」在他研究數千個人際關係中，托曼博士發現有些手足位置的結合能夠互補，也就是說，在這些位置的人似乎比較容易讓他們的關係變得順暢，然而，有些人際關係的結合並不互補，因此需要更多的努力才行。

沒有排行或性別衝突的位置

有兩個位置混合在一起是完全互補，它們是：

有妹妹的長兄和有哥哥的么妹

這通常是一個很棒的關係。這兩個人彼此了解，很少爭執，而且在分派的工作中能夠相互支援。如果他們結婚生子，會是相當細心且深思熟慮的父母，父親會主導家庭氣氛，但是他很友善、包容，母親則溫柔又順從。

有姊姊的么弟和有弟弟的長姊

這也是一個很棒的關係，彼此都能夠了解對方，女方會主導家庭氣氛，男方會喜歡女方的建議並需要女方的鼓勵。如果他們結婚共組家庭，通常對教養孩子的議題會取得一致意見。多數的事情由女方作主，但是她會知會男方，而男方通常也會同意。

部分的性別衝突

四種關係模式會出現部分的性別衝突，它們分別是：

有妹妹的長兄和有姊姊的么妹

這種關係跟多數關係比起來相當好。雖然女方要逐漸習慣與一位男性生活可能有些困難，但是男方通常會教她。她或許會反對男方或跟他競爭，但是這樣的衝突為時短暫。男方主導家庭的氣氛，

女方多數時候會順從他，偶爾跟他爭吵。女方需要持續跟女性朋友和自己的姊姊們聯繫。

有姊姊的么弟和有妹妹的長姊

這種關係相較起來也很好。這兩人彼此合得來，只是女方會需要適應跟男性伴侶的相處。女方通常比男方權威一些，但是男方的幽默感可以化解這個狀況。女方會主導家庭氣氛，或許有點嚴肅。如果他們結婚生子，孩子們可能會跟父親結盟，認為父親跟他們同一國，而女方則在乎家庭中的公平和秩序。女方在家庭之外，需要保有跟女性友人接觸的機會，並且在家庭之外有讓她可以負責和忙碌的事物。

有弟弟的長兄和有哥哥的么妹

這也算是很好的關係。男方可能對女方太嚴苛或自以為是，一不留意就把女方當作弟弟來對待。受到過往哥哥們的教導，女方通常知道如何安撫男方，久而久之，男方也願意對女方更敞開心胸。男方喜歡討好女方，或許學會了在工作上滿足自己當領袖的需求，或是如果他們有小孩，男方也可以從當父親來滿足當領袖的需求。男方一生當中都有定期和男性朋友保持聯繫的需要。

有哥哥的么弟和有弟弟的長姊

同樣地，這也算是很好的關係。只要他不覺得低人一等，男方會跟從女方，比一般男性更願意接受女性的指揮或教導，而女方或許會像媽媽一般地對待他。男方最大的期待莫過於被了解，而女方對待他就像對待他們的小孩一樣。男方的幽默感有時會製造驚喜，而他在他們的關係中會需要持續與男性朋友接觸。

排行或性別衝突的關係

有四種關係可能會出現排行或性別的衝突，它們分別是：

有妹妹的長兄和有弟弟的長姊

這種關係還算可以。他們在成長過程中，學過與異性相處的經驗，但是兩人都是家中兄弟姊妹的老大，所以他們容易發生權力衝突。每個人都希望對方讓步，但是他們都發現很難做到。如果可以平分彼此的任務，或許會有幫助。

有姊姊的么弟和有哥哥的么妹

這種關係還算可以。他們都有跟異性作伴的經驗，但是都期待對方來主導並為自己負責，只不過雙方似乎都不太有能力這樣做。

在成長過程中，他們都習慣依賴異性兄姊的幫忙。他們需要知道這種現象，但是雙方都覺得不被了解。

有弟弟的長兄和有姊姊的么妹

這種關係還不差。男方是老大，女方是老么，他們彼此在手足排行上互補，而他們有待改善的問題是彼此對異性手足的不熟悉。男方會主導這個關係，一開始很興奮，但是時間久了關係就變得很緊繃。女方想要得到男方的建議和主導，但是時常因此而生氣。如果他們結婚生子，女方很容易接受她那邊親人的協助。持續跟同性朋友聯繫對雙方都很重要。

有哥哥的么弟和有妹妹的長姊

即便他們從小不曾跟異性手足相處過，這種關係也不錯。男方會服從女方的指揮，只是她的指揮可能沒有必要地過於嚴格或直接。男方有時會跟女方競爭，直到男方覺得女方有聽懂他。如果他們結婚生子，對於教養孩子有不同的看法。雙方都需要保有跟同性朋友和熟人的聯繫。

排行和部分的性別衝突關係

有四種關係位置會出現排行和部分的性別衝突，它們分別是：

有妹妹的長兄和有妹妹的長姊

這是個比較辛苦的關係，因為他們有陷入權力爭奪的傾向。女方從未有過與異性作伴的經驗，而且她也不容易從丈夫身上學習。男方會比較有同情心和包容力，女方則比較嚴格和頑固。當他們結婚生子，女方比較不希望完全放棄自己的工作或事業，如果他們沒有一起工作，對他們的關係最好。

有姊姊的么弟和有姊姊的么妹

同樣地，這種關係比較辛苦，因為只有男方在原生家庭學習過與異性相處的經驗。然而，男方希望被照顧和關心而非適得其反，希望有人指揮而非競爭，但是事與願違，可能會感到挫折。女方不確定是要跟對方競爭，還是順從對方，有批評男方缺失的傾向，也許會持續尋找一位大哥做為照顧自己的額外朋友。

有弟弟的長兄和有弟弟的長姊

因為雙方都喜歡發號施令、負責任又難以讓步，這種關係也很辛苦。兩人中只有女方在成長過程中，曾經有和異性作伴的生活經

驗，她可能會對此提供建議，但是男方不見得想聽。如果他們生兒育女，男方會比較嚴格，女方則比較寬容。他們雙方都需要關心一些後輩或是會依賴的人。如果他們可以各自追求自己的興趣，就會減少衝突。

有哥哥的么弟和有哥哥的么妹

因為只有女方在成長過程中有過與異性相處的經驗，這種關係也會很辛苦。雙方都是老么，期待有人給自己建議並提供如父母般的關心，但是彼此都不知道要怎麼給對方這些東西。男方可能會找一位年長的女性做為自己額外的朋友，女方或許需要哥哥的幫忙。

排行和性別都衝突的關係

有兩種關係模式同時具備排行和性別的衝突，分別是：

有弟弟的長兄和有妹妹的長姊

這種關係比較不利，因為他們在成長過程中都沒有和異性作伴的生活經驗，而且他們的手足排行也相斥，雙方都希望對方順從自己，但是彼此都不願意這樣做。他們的衝突會被描述成性別戰爭，如果他們各有自己的事業，或許對這種情況有幫助，短暫的分別和

分房睡可能也有助益。在關係中，他們都需要保有同性的朋友。如果他們結婚生子，他們的關係可能會有所改善，然而他們卻是相當嚴格的父母，容易跟自己同性別的孩子結盟。

有哥哥的么弟和有姊姊的么妹

這種關係同樣比較不利，因為過往的手足經驗讓他們習慣於得到照顧和教導，比一般人更期待對方可以發號施令。另外，他們也都沒有和異性作伴的生活經驗，這種夥伴關係缺乏領導和方向以做出決定。如果他們結婚，有了孩子並不會讓他們的生活更輕鬆。他們可能需要自己原生家庭的親人提供方向。彼此各有自己的專業、興趣和才華或許會有幫助，他們也需要固定跟同性友人保持友誼。

獨生子女

如果他們結婚的對象有兄弟姊妹，並且曾經嘗試學習如何與手足相處，那麼關係中的獨生子女會過得比較好。若獨生子女的伴侶有過與異性作伴的經驗，對婚姻中的獨生子女特別有幫助。如果婚姻中的雙方都是獨生子女，他們會期待對方像是一個有如父母的朋友，但是這樣的期待很難成真，不過他們至少會得到父母的認可才跟對方在一起，所以他們關係發展得比較順暢。如果兩個獨生子女結婚並撫養一個小孩，他們對孩子的期待會比其他父母更強烈。

張老師文化公司書目

· 此書目之定價若有錯誤，應以版權頁之價格為準。
· 讀者服務專線：（02）2218-8811　傳真：（02）2218-08●●
· mail: sales＠lppc.com.tw

一、生活叢書				P12	尋找田園小學—創造兒童教育的魅力	220元	
生活技巧系列		定價	備註	P13	不是兒戲—郎志浩談兒童戲劇	220元	
A9	怡然自得—30種心理調適妙方	130元		P17	父母成長地圖	200元	
A10	快意人生—50種心理治療須知	120元		P18	做孩子的親密知己	200元	
A11	貼心父母—30帖親子相處妙方	120元		P21	孩子的心，我懂	220元	
A12	生活裡的貼心話	150元		P22	你可以做個創意媽媽	230元	
A13	讀書會專業手冊	250元		P23	我要和你一起長大—尋找家庭桃花源	250元	
A14	創意領先—如何激發個人與組織創造力	250元		P25	愛女兒愛爸爸—做女兒生命中第一個好男人	280元	
A15	大腦體操—完全大腦開發手冊	120元		P26	孩子的天空—成長、學習、邁向卓越的七大需要	300元	
A17	張德聰的自助舒壓手冊〔上〕：美好人生的心理維他命	220元		P27	大手牽小手—我和我的自閉兒小宜	220元	
A18	快樂是一種陷阱	280元		P28	每個父母都能快樂—怎樣愛青春期的孩子	270元	
A19	聰明的餅乾壓不碎—找回你的天賦抗壓力	200元		P29	當孩子做錯事—掌握機會塑造好品格	300元	
A20	聆聽自己，聆聽別人：35堂讓生活更઼美的聲音魔法課+CD	300元		P30	如何與青少年子女談心	280元	
A21	大腦的音樂體操（附演奏CD）	320元		P31	我想安心長大—如何讓孩子有安全感	260元	
A22	壓力生活美學	280元		P32	王鍾和與父母談心①—親子關係	240元	
A23	用十力打造實力：培養幸福生涯核心能力	280元		P33	王鍾和與父母談心②—生活教育	240元	
愛·性·婚姻系列		定價	備註	P34	王鍾和與父母談心③—兩性教育	240元	
E41	結婚前，結婚後—成長與改變	220元		P35	王鍾和與父母談心④—學校生活	240元	
E42	愛得聰明·情深路長	210元		P36	青少年非常心事	250元	
E44	愛就是彼此珍惜—幸福婚姻的對話	300元		P37	單親媽媽，滿分家教	200元	
E45	婚內昏外	220元		P38	媽媽，沒有人喜歡我	320元	
E47	愛上M型男人—找回妳的勇氣、尊嚴與幸福	290元		P40	燈燈亮了—我的女兒妞妞	320元	
E48	重建—重塑婚姻與自我的願景	350元		P41	為什麼青少年都衝動？	320元	
E49	搞懂男人—李曼法則39	270元		P42	媽媽，用心去做就好	240元	
E50	享受愛情不吃虧	230元		P43	一生罕見的幸福	220元	
E51	抓住幸福很easy	230元		P44	任修女的親子學堂	240元	
E52	愛在金錢蔓延時—金錢與親密關係	290元		P45	巴黎單親路	240元	
E53	夫妻溝通成功七律	250元		P46	青少年非常心事2：我的孩子變了！	250元	
E54	中年太太俱樂部	280元		P47	攀越魔術山：罕見疾病FOP的試煉與祝福	360元	
E55	莫非愛可以如此	240元		P48	如何教養噴火龍	280元	
E56	幸福關係的七段旅程	300元		P50	當孩子得了躁鬱症—該做什麼？如何做？	300元	
E57	女性私身體	480元		P51	是誰傷了父母？—傷心父母的療癒書	280元	
E58	抱緊我—扭轉夫妻關係的7種對話	320元		P52	Orange媽媽：四分之三的幸福	250元	
E59	宿命·改變·新女人	250元		P53	喬伊的返校之旅	350元	
E60	愛是有道理的	380元		P54	碰恰恰說故事魔法	280元	
E61	離去？留下？：重新協商家庭關係	450元		P55	不光會耍寶：認輔志工守護孩子的故事	300元	
E62	信任，決定幸福的深度	360元		P56	陪伴天使的日子	260元	
親子系列		定價	備註	P57	生命禮物：遇見夠好的媽媽	280元	
P9	天下無不是的孩子	180元		P58	預見家的幸福	260元	

N₇₂	從換幕到真實—戲劇治療的歷程、技巧與演出	400元	N₁₁₅	藝術治療與團體工作	450元
N₇₃	稻草變黃金—焦點解決諮商訓練手冊	320元	N₁₁₆	像海盜那樣教：讓教師脫胎換骨的海盜教學法	280元
N₇₄	挑戰成癮觀點—減害治療模式	400元	N₁₁₇	從故事開始療癒：創傷後的身心整合之旅	380元
N₇₅	心理治療的新趨勢—解決導向療法	250元	N₁₁₈	米紐慶的家族治療百寶袋	380元
N₇₆	OFFICE心靈教練—企業的焦點解決短期諮商	250元	N₁₁₉	要玩就要玩大的：起司班學習成長故事	320元
N₇₇	家庭暴力加害人處遇團體方案手冊—EMERGE模式	350元	N₁₂₀	療癒親密關係，也療癒自己：情緒取向創傷伴侶治療	360元
N₇₉	好好出口氣—設定界限，安全表達憤怒	220元	N₁₂₁	創傷的積極力量（上）	300元
N₈₀	遊戲治療101—II	450元	N₁₂₂	創傷的積極力量（下）	280元
N₈₁	遊戲治療101—III	450元	N₁₂₃	DBT技巧訓練手冊（上）	450元
N₈₂	家庭與伴侶評估—四步模式	320元	N₁₂₄	DBT技巧訓練手冊（下）	450元
N₈₃	性侵害加害人團體處遇治療方案	300元	N₁₂₅	DBT技巧訓練講義及作業單	550元
N₈₄	如何與非自願個案工作	270元	N₁₂₆	ACT一學就上手	380元
N₈₅	合作取向治療	420元	N₁₂₇	諮商心理衡鑑的理論與實務	380元
N₈₆	敘事治療的工作地圖	320元	N₁₂₈	ACT實務工作者手冊	350元
N₈₇	心靈的淬鍊—薩提爾家庭重塑的藝術	350元	N₁₂₉	在關係中，讓愛流動	380元
N₈₈	終點前的分分秒秒	380元	N₁₃₀	一次的力量	280元
N₈₉	當下，與你真誠相遇	320元	N₁₃₁	圖像溝通心視界	280元
N₉₀	合作取向實務	450元	N₁₃₂	解決關係焦慮：Bowen家庭系統理論的理想關係藍圖	350元
N₉₁	薛西佛斯也瘋狂 II	270元		贏家系列	定價 備
N₉₂	災難後安心服務	250元	SM₆	鼓舞卡	600元
N₉₃	勇氣心理學—阿德勒觀點的健康社會生活	350元	SM₇	天賦卡	600元
N₉₄	走進希望之門—從藝術治療到藝術育療	350元	SM₈	互動卡	600元
N₉₅	繽紛花園：兒童遊戲治療	360元		心理推理系列	定價 備
N₉₆	憂鬱症的情緒取向治療	470元	T₄	走出生命的幽谷(新版)	200元
N₉₇	情緒取向VS.婚姻治療（二版）	380元	T₁₀	前世今生—生命輪迴的前世療法	250元
N₉₈	員工協助方案專業人員手冊	380元	T₁₁	家庭會傷人—自我重生的新契機（二版）	300元
N₉₉	以畫為鏡—存在藝術治療	400元	T₁₂	你是做夢大師—孵夢・解夢・活用夢	250元
N₁₀₀	家族治療的靈性療癒（上）	380元	T₁₃	生命輪迴—超越時空的前世療法	270元
N₁₀₁	家族治療的靈性療癒（下）	320元	T₁₄	生命不死—精神科醫師的前世治療報告	280元
N₁₀₂	導引悲傷能量：悲傷諮商助人者工作手冊	450元	T₁₆	你在做什麼？—成功改變自我、婚姻、親情的真實故事	380元
N₁₀₃	陪孩子遇見美好的自己	260元	T₁₈₋₁	榮格自傳—回憶・夢・省思	450元
N₁₀₄	敘事治療的實踐：與麥克持續對話	300元	T₁₉	家庭祕密—重返家園的新契機	280元
N₁₀₅	辯證行為治療技巧手冊	380元	T₂₀	跨越前世今生—陳勝英醫師的眠治療報告	200元
N₁₀₆	關係的評估與修復	380元	T₂₁	脆弱的關係—從玫瑰戰爭到親密永久的婚姻	320元
N₁₀₇	SAFE班級輔導模式	250元	T₂₅	回家：結構派大師說家庭治療的故事	400元
N₁₀₈	看見孩子的亮點	350元	T₂₇	當尼采哭泣	420元
N₁₀₉	當下，與情緒相遇	350元	T₂₈	診療椅上的謊言	420元
N₁₁₀	學生輔導工作倫理守則暨案例分析	350元	T₃₁	前世今生之回到當下	280元
N₁₁₁	大象在屋裡：薩提爾模式家族治療實錄1	380元	T₃₃	祕密，說謊還是不說	360元
N₁₁₂	越過河與你相遇：薩提爾模式家族治療實錄2	320元	T₃₉	父母會傷人	300元
N₁₁₃	遇見孩子生命的曙光	280元	T₄₃	鏡子裡的陌生人—解離症：一種隱藏的流行病	380元
N₁₁₄	藝樹園丁：悲傷與失落藝術治療	360元	T₄₄	你有沒有看見我的馬	280元

45	大師說舞	260 元	D₇₁	一分鐘心理醫生	250 元	
46	婚姻探戈	260 元	D₇₂	你可以自由—讓受虐婦女不再暗夜哭泣	200 元	
47	舞動人生	260 元	D₇₃	這就是男人！	340 元	
48	成長之舞	260 元	D₇₅	打破沈默—幫助孩子走出悲傷	270 元	
49	美聲男子	220 元	D₇₆	天空不藍，仍然可以歡笑—練習幽默	270 元	
50	刺蝟的愛情	270 元	D₇₇	我們並未互道再見—關於安樂死	260 元	
51	獵食者：戀童癖、強暴犯及其他性犯罪者	380 元	D₇₈	巫婆一定得死—童話如何形塑我們的性格	320 元	
53	佛洛伊德的近視眼	290 元	D₇₉	用心去活—生命的十五堂必修課	260 元	
54	佛洛伊德的輓歌	250 元	D₈₀	艾瑞克森—自我認同的建構者	370 元	
55	媽媽有病—代理性佯病症真實案例	200 元	D₈₁	放心，陪他一段—照顧者十二守則	260 元	
56	解剖自殺心靈	250 元	D₈₂	憂鬱心靈地圖—如何與憂鬱症共處	290 元	
57	打開史金納的箱子—二十世紀偉大的心理學實驗	320 元	D₈₅	成功就是現在—大器晚成的祕訣	300 元	
58	女王駕到—西洋棋王后的歷史	320 元	D₈₆	慾望之心—了解賭徒心理	300 元	
59	改變治療師的人— 23 位治療大師的生命故事	320 元	D₈₇	寫自己的壓力處方	320 元	
60	愛情劊子手	350 元	D₈₈	我的哭聲無人聽見—孤單與健康	460 元	
61	受虐的男孩，受傷的男人	280 元	D₈₉	我的感覺你懂嗎？—面對拒絕	320 元	
62	情緒分子的奇幻世界	420 元	D₉₀	躁鬱奇才—不凡創造力的背後	350 元	
63	家有千絲萬縷	250 元	D₉₁	日常談話 · 深度傾聽	290 元	
T₆₄	蛤蟆先生的希望— TA 諮商童話版	280 元	D₉₂	勝過失望	270 元	
T₆₅	我的家庭治療工作	280 元	D₉₃	父母離婚後—孩子走過的內心路	360 元	
T₆₆	媽媽和生命的意義	350 元	D₉₄	此刻有你真好—陪伴悲傷者走過哀痛	220 元	
	心靈拓展系列	定價	D₉₅	向自殺 SAY NO！	350 元	
D₄₀	心靈神醫	220 元	D₉₆	別跟情緒過不去	280 元	
D₄₃	照見清淨心	180 元	D₉₇	木屐與清酒	220 元	
D₄₄	恩寵與勇氣	380 元	D₉₈	可以溝通真好	280 元	
D₄₆	杜鵑窩的春天—精神疾病照顧手冊	320 元	D₉₉	打開戀物情結	300 元	
D₄₇	超越心靈地圖	300 元	D₁₀₀	愛上工作—找尋自尊、獨立、安適、從容	300 元	
D₅₀	生命教育—與孩子一同迎向人生挑戰	240 元	D₁₀₃	和好再相愛—破裂關係的修復與重建	320 元	
D₅₃	空，大自在的微笑—空 禪修次第	200 元	D₁₀₄	當所愛的人有憂鬱症—照顧他，也照顧好自己	290 元	
D₅₅	假如我死時，你不在我身旁	280 元	D₁₀₅	請容許我悲傷	250 元	
D₅₆	不知道我不知道	180 元	D₁₀₆	再也不怯場	290 元	
D₅₇	如何好好生氣—憤怒模式工作手冊	250 元	D₁₀₇	殺不死我的，使我更堅強	280 元	
D₅₈	因為你聽見了我	220 元	D₁₀₈	空間詩學	350 元	
D₅₉	當醫生遇見 Siki	240 元	D₁₀₉	做自己的心理管家	290 元	
D₆₂	我的生命成長樹—內外和好的練習本	270 元	D₁₁₁	女人的壓力處方	250 元	
D₆₃	Erikson 老年研究報告	400 元	D₁₁₂	心理治療室的詩篇	250 元	
D₆₄	難以置信—科學家探尋神祕信息場	240 元	D₁₁₃	愛與自由	300 元	
D₆₅	重畫生命線—創傷治療工作手冊	400 元	D₁₁₄	我是有為者	200 元	
D₆₆	家屋，自我的一面鏡子	380 元	D₁₁₅	發現你的利基	250 元	
D₆₇	你可以更靠近我	280 元	D₁₁₆	小魚舖，大奇蹟	240 元	
D₆₈	快樂的十日課（上）	250 元	D₁₁₇	道別之後	220 元	
D₆₉	快樂的十日課（下）	250 元	D₁₁₈	難以置信 II—尋訪諸神的網站	280 元	

D₁₁₉	關係療癒	320 元	D₁₆₄₋₁	真善美的追尋—李鍾桂與救國團的半世情	350 元	
D₁₂₀	人道醫療	300 元	D₁₆₅	智慧的心—佛法的心理健康學	450 元	
D₁₂₁	孩子為何失敗	260 元	D₁₆₆	生命宛若幽靜長河	270 元	
D₁₂₂	孩子如何學習	300 元	D₁₆₇	觀山觀雲觀生死	270 元	
D₁₂₃	生命河流	220 元	D₁₆₈	生命夢屋	240 元	
D₁₂₄	創意是一種習慣	300 元	D₁₆₉	情話色語	270 元	
D₁₂₅	跨界之旅	220 元	D₁₇₀	在時光走廊遇見巴黎—廖仁義的美學旅行	270 元	
D₁₂₆	永恆的朝聖者—空與神的會晤	280 元	D₁₇₁	120 公分的勇氣	280 元	
D₁₂₇	超越語言的力量—藝術治療在安寧病房的故事	270 元	D₁₇₂	我願意陪伴你	280 元	
D₁₂₈	古老的故事，幸福的奇蹟	200 元	D₁₇₃	療癒，藏在身體裡	280 元	
D₁₂₉	我最寶貴的	200 元	D₁₇₄	愛，一直都在	280 元	
D₁₃₀	阿嬤的故事袋—老年、創傷、身心療癒	280 元	D₁₇₅	情義相挺一甲子	280 元	
D₁₃₁	逃學老師	260 元	D₁₇₆	超越成敗：邁向自立與成熟	280 元	
D₁₃₂	海神效應—幹細胞與其對醫學的承諾	350 元	D₁₇₇	9 個萬分之一的相聚	280 元	
D₁₃₃	全方位憂鬱症防治手冊	300 元	D₁₇₈	療癒，從創作開始	350 元	
D₁₃₄	改變的禮物	250 元	D₁₇₉	解鎖：創傷療癒地圖	420 元	
D₁₃₅	卓越大學·一流校長—MIT 邁向卓越的策略	320 元	D₁₈₀	正念減壓初學者手冊	300 元	
D₁₃₆	如果梵谷不憂鬱	380 元	D₁₈₁	存乎一心：東方與西方的心理學與思想	600 元	
D₁₃₇	中年學音樂	240 元	D₁₈₂	生命，才是最值得去的地方	300 元	
D₁₃₈	當綠葉緩緩落下：生死學大師的最後對話	260 元	D₁₈₃	生活，依然美好：24 個正向思考的祕訣	280 元	
D₁₃₉	當好人遇上壞事	240 元	D₁₈₄	如是深戲：觀·諮商·美學	350 元	
D₁₄₀	美名之路：慕哈姐·梅伊的故事	200 元	D₁₈₅	黑手玩家：手作與生活器物的美好交會	350 元	
D₁₄₁	話語、雙手與藥：醫者的人關懷	280 元	D₁₈₆	愛人如己：改變世界的十二堂課	300 元	
D₁₄₄	好心情手冊 I—情緒會傷人	280 元	D₁₈₇	正念的感官覺醒	700 元	
D₁₄₅	好心情手冊 II—焦慮會傷人	290 元	D₁₈₈	愛與自由：家族治療大師瑪莉亞·葛莫利 (典藏版)	380 元	
D₁₄₆	好心情手冊 III—情緒治療師	280 元	D₁₈₉	癌症完全緩解的九種力量	380 元	
D₁₄₇	熟年大腦的無限潛能	250 元	D₁₉₀	說謊之徒—真實面對謊言的本質	380 元	
D₁₄₈	寬恕，我唯一能做的—種族滅絕的倖存者告白	280 元	D₁₉₁	被卡住的天才	380 元	
D₁₄₉	喪慟夢	240 元	D₁₉₂	八週正念練習 (附練習光碟)	350 元	
D₁₅₁	踏上心靈幽徑：穿越困境的靈性生活指引	400 元	D₁₉₃	我生氣，但我更爭氣！	280 元	
D₁₅₂	搶救心理創傷：從危機現場到心靈重建	250 元		人與自然系列	定價	備註
D₁₅₃	愈感恩，愈富足	270 元	NB₁	傾聽自然 (二版)	200 元	
D₁₅₄	幸福的偶然	240 元	NB₂	看！岩石在說話	200 元	
D₁₅₅	關照身體，修復心靈	280 元	NB₃	共享自然的喜悅	250 元	
D₁₅₆	信念的力量	280 元	NB₄	與孩子分享自然	220 元	
D₁₅₇	活出熱情	200 元	NB₅	探索大地之心	250 元	
D₁₅₈	微笑天使向前走：逆境家庭的生命復原力	260 元	NB₇	學做自然的孩子—國家公園之父繆爾如何觀察自然	180 元	
D₁₅₉	漸漸懂了你的心	250 元	NB₁₁	女農討山誌	300 元	
D₁₆₀	不單單是爸爸：風雨中的生命書寫	380 元	NB₁₂	貂之舞—來自阿爾卑斯山一股澄澈的自然聲音	280 元	
D₁₆₁	每個人心中都有兩隻鱷魚	250 元	NB₁₃	義大利的山城歲月	280 元	
D₁₆₂	生命如此豐盛	280 元	NB₁₄	冷靜的恐懼—絕境生存策略	280 元	
D₁₆₃	心美，生活更美—現代生活新倫理	250 元	NB₁₅	我生命中的花草樹木	280 元	

代碼	書名	定價	備註
B₁₆	療癒之森：進入森林療法的世界	250元	
B₁₇	樂活之森：森林療法的多元應用	300元	
B₁₈	來自天地的感動	250元	

心靈美學系列		定價	備註
Y₁₄	疼惜自己	100元	
Y₁₅	玩得寫意	100元	
Y₁₆	彼此疼惜	100元	
Y₁₇	老神在哉	100元	
Y₁₈	和上蒼說話	100元	
Y₁₉	心中的精靈	100元	
Y₂₃	與人接觸	200元	
Y₂₄	心的面貌	200元	
Y₂₅	沈思靈想	180元	
Y₂₆	尊重自己	180元	
Y₂₇	寬恕樂陶陶	100元	
Y₂₈	簡樸活得好	100元	
Y₂₉	善待此一身	100元	
Y₃₀	自在女人心	100元	
Y₃₁	接納心歡喜	100元	
Y₃₂	喜樂好心情	100元	
Y₄₆	祝你聖誕快樂	180元	
Y₄₇	祝你生日快樂	150元	
Y₄₈	祝你天天快樂	150元	
Y₄₉	給我親愛朋友	150元	
Y₅₀	當所愛遠逝	150元	
Y₅₁	讓憤怒野一回	150元	
Y₅₂	給壓力一個出口	150元	
Y₅₃	勇敢向前行	150元	
Y₅₄	好好過日子	150元	
Y₅₅	活出真性情	150元	
Y₅₆	寶貝你的學生	150元	
Y₅₇	給工作中的你	150元	
Y₅₈	給我親愛家人	150元	
Y₅₉	給獨一無二的你	150元	
Y₆₀	記得照顧自己	150元	
Y₆₁	祝你早日康復	150元	
Y₆₂	親親我的寶貝	150元	
Y₆₃	親親我的媽咪	150元	

代碼	書名	定價	備註
Y₇₀	會哭的男人很可愛	150元	
Y₇₁	跟沮喪說 bye bye	150元	
Y₇₅	別讓自己白白受苦	150元	
Y₇₆	平安在我心	150元	
Y₇₇	時時心感恩	150元	
Y₈₂	大自然療癒花園	150元	
Y₈₃	我心深觸	150元	
Y₈₄	人生旋律美好	150元	
Y₈₅	相信你自己	150元	
Y₈₆	搞定難搞的人	150元	
Y₈₇	重塑新生命	150元	
Y₈₈	別往壞處想	150元	
Y₈₉	哀傷中有盼望	150元	
Y₉₀	穿越靈性曠野	150元	
Y₉₀	愈活愈有勁	150元	
Y₉₀	退休樂活趣	150元	
Y₉₀	最好的禮物	150元	

浮世繪系列		定價	備註
VW₂	這人生	280元	
VW₃	讓我擁抱你	180元	
VW₄	彼此擁抱	180元	
VW₅	象山的孩子	300元	
VW₇	小柴犬和風心	250元	
VW₈	小柴犬和風心 2─四季的喜悅	250元	
VW₉	小柴犬和風心 3─日日是好日	250元	
VW₁₀	小柴犬和風心 4─又是美好的一天	280元	
VW₁₁	萊恩的願井	280元	
VW₁₂	小柴犬和風心 5─和的學習之道	280元	
VW₁₃	積木之家	280元	
VW₁₄	小柴犬和風心 6─種花種草的樂趣	280元	
VW₁₅	坐輪椅也要旅行	280元	
VW₁₆	Toza Toza 跟自己說說話	260元	

樂齡系列		定價	備註
Q₁	優雅的老年─678位修女揭開大腦健康之鑰	350元	
Q₂	生命週期完成式	250元	
Q₃	客製化健康時代	280元	
Q₄	幸福的熟年音樂養生書（附音樂光碟）	350元	

國家圖書館出版品預行編目 (CIP) 資料

解決關係焦慮：Bowen家庭系統理論的理想關係藍圖 / 羅貝塔.吉爾伯特
（Roberta M. Gilbert）著；江文賢, 田育慈翻譯. -- 初版. -- 臺北市：張老師, 2016.10
　面；　公分. --（教育輔導系列；132）

譯自：Extraordinary relationships : a new way of thinking about human interactions

ISBN 978-957-693-882-5 (平裝)

1.家族治療　2.家庭關係

178.8　　　　　　　　　　　　　　　　　　　　　　　　　　　105018081

教育輔導系列 N132

解決關係焦慮：Bowen家庭系統理論的理想關係藍圖
Extraordinary Relationships: A New Way of Thinking About Human Interactions

作　　者→羅貝塔・吉爾伯特（Roberta M. Gilbert, M.D.）
譯　　者→江文賢、田育慈
審　　閱→江文賢
責任編輯→苗天蕙
封面設計→柳佳璋
內頁設計→黃啟銘
發 行 人→李鍾桂
總 經 理→林聯章
總 編 輯→俞壽成
出 版 者→張老師文化事業股份有限公司 Living Psychology Publishers Co.
　　　　　郵撥帳號：18395080
　　　　　10647台北市大安區羅斯福路三段325號地下一樓
　　　　　電話：(02)2369-7959　傳真：(02)2363-7110
　　　　　E-mail：service@lppc.com.tw
　　　　　讀者服務：23141新北市新店區中正路538巷5號2樓
　　　　　電話：(02)2218-8811　傳真：(02)2218-0805
　　　　　E-mail：sales@lppc.com.tw
　　　　　網址：http://www.lppc.com.tw（讀家心聞網）

登 記 證→局版北市業字第1514號
初版 1 刷→2016年10月
初版 3 刷→2018年12月
I S B N→978-957-693-882-5
定　　價→350元
法律顧問→林廷隆律師
排　　版→菩薩蠻電腦科技有限公司
印　　製→永光彩色印刷股份有限公司
Extraordinary Relationships: A New Way of Thinking About Human Interactions
Copyright © 1992 by Roberta M. Gilbert. All rights reserved
Published by John Wiley & Sons, Inc.
Published simultaneously in Canada
Previously published by Chronimed Publishing
Traditional Chinese edition copyright © 2016 Living Psychology Publishers Co.

10647 台北市大安區羅斯福路三段325號地下一樓

張老師文化公司　收

【張老師文化之友】

地址：□□□□□　市（縣）　鄉/鎮/市/區　路/街　段　巷　弄　號　樓/室

電話：(O)　(H)　傳真：

張老師文化　鮮活畫訊・悅讀種子　www.1ppc.com.tw

◎ 讀家徵文：歡迎上網分享您的心得感想（或email到service@1ppc.com.tw），字數不限，還有好禮相送！

【讀家・心聞網】即時新訊、發燒特賣　www.1ppc.com.tw

5. 您對本書的感想或建議：

4. 您對本書：□1.非常滿意　□2.滿意　□3.普通　□4.不滿意（原因是　　　　　　　　　　　　）

3. 您最常使用的購書方式：□1.書店　□2.劃撥　□3.信用卡　□4.網路　□5.其他

2. 您從何處得知本書消息？□1.書店　□2.報紙　□3.雜誌　□4.電視　□5.廣播　□6.網站　□7.DM、海報
　　□8.電子報　□9.張老師文化email告知　□10.其他　□11.其他：

1. 您所購買的書名：

職業：□1.軍　□2.公　□3.教　□4.工、商　□5.服務業　□6.醫療　□7.學生　□8.其他：

姓名：　　　　　　　性別：□男　□女　　Email1（請填寫為工整）：

※ 張老師的文化支持並維護個人資料的保護，消費者若有任何疑問與建議，敬請利用service@1ppc.com.tw與我們連絡，我們將盡速回覆說明。

※ 張老師的文化將盡力以合理之技術及程序，保障所有資料安全性使用，除依法令規定及本人同意外，絕不提供任何第三人使用或移作其他用途。

※ 張老師文化依《個人資料保護法》之相關規定，對本人之個人資料在特定目的內，可為聯絡讀者、傳遞訊息、內部分析、行銷宣傳等目的之處理與利用。

□ 我同意　　　　　　□ 不同意

簽名：

書籍代碼：